선지자와 왕

The Gospel Project for Kids

가스펠 프로젝트

구약 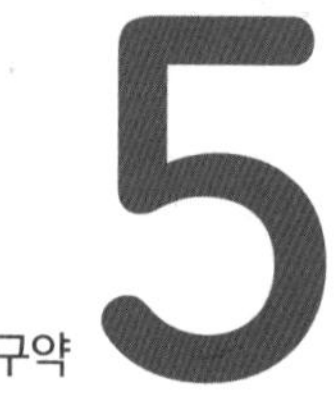 **5**

선지자와 왕

유치부 교사용

지은이 · LifeWay Kids / 옮긴이 · 권혜신 / 감수 · 김병훈, 이희성, 정희영

초판 발행 · 2017. 11. 22 / 2판 1쇄 발행 · 2025. 1. 17 / 등록번호 · 제1988-000080호
등록된 곳 · 서울특별시 용산구 서빙고로65길 38 / 발행처 · 사단법인 두란노서원
영업부 · 02) 2078-3352, 3452, 3752, 3781 / FAX 080-749-3705
편집부 · 02) 2078-3437
표지 디자인 · 땅콩프레스 / 활동 연구 · 김찬숙, 박청아, 이향순, 진명선, 홍선아

책값은 뒤표지에 있습니다.
ISBN 978-89-531-4733-1 04230

홈페이지 · gospelproject.co.kr 두란노몰 · mall.duranno.com

차례 

이렇게 활용해 보세요!

단원 개요 ①

'가스펠 프로젝트(하나님의 구원 계획)'의 연대기적 큰 흐름
속에서 각 단원과 각 과의 주제를 살펴봅니다.

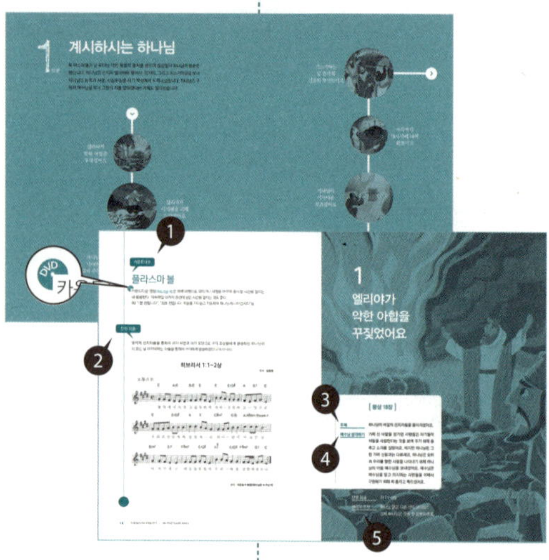

1 **카운트다운 :** 단원별로 제공되는 3분 카운트다운
영상으로, 장소를 옮기거나 시간을 구분 짓는 방법
으로 활용할 수 있습니다.

2 **단원 암송 :** 단원의 핵심 메시지가 담긴 성경 구절
입니다. 연령에 맞게 적절한 길이로 암기할 수 있도
록 주요 어휘에 밑줄 표시를 해 두었습니다.

3 **주제 :** 각 과의 핵심 줄거리를 파악할 수 있습니다.

4 **예수님 생각하기 :** 성경 이야기에 담긴 복음을 발견
하게 합니다. 모든 성경 이야기는 그리스도와 연결
됩니다.

5 **성경의 초점 :** 본문과 관련된 성경의 중심 주제를
문답 형식으로 정리한 문장입니다. 단원별로 제시
된 성경의 초점을 익히며 성경의 흐름을 이해하게
합니다.

***지도자용 팩의 PC 전용 DVD-Rom에 영상, 그림,
음원, 악보, PPT 등의 자료가 있습니다.**

말씀 묵상 ②

말씀을 묵상하며 교육 목표를 확인하고, 기도로 준비합니다.

1 **본문 속으로 :** 이 과를 준비하며 묵상할 내용과 티칭 포인트
를 제시합니다. 청장년용 《가스펠 프로젝트》로 교사 소그룹
모임에서 더 깊은 묵상을 나누며 성경 읽기를 병행할 것을 권
유합니다. 부모 소그룹 모임은 교회와 가정을 연계해 교육 효
과를 더욱 높여 줄 것입니다.

2 **QR 코드 :** 가스펠 프로젝트 홈페이지(gospelproject.co.kr)
에서 각 과별 교사 지도 가이드 동영상을 무료로 이용할 수 있
습니다.

3 **이야기 성경 :** '가스펠 설교'에서 사용하는 구어체 설교입니
다. 같은 내용의 영상이 지도자용 팩에 있습니다.

1 싱글벙글 환영해요 : 아이들을 맞이할 때 염두에 두어야 할 정보를 담았습니다.

2 너랑 나랑 마음 열기 : 이 과의 주제와 연결된 간단한 게임 활동을 소개합니다.

가스펠 설교 **4** 들어가기 – 성경 이야기 – 메시지와 정리 – 성경의 초점 – 복음 초청 – 기도 – 암송송에 이르는 설교 가이드입니다.

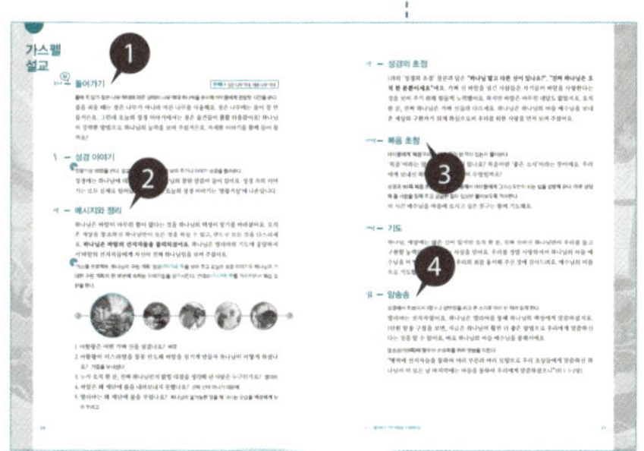

1 들어가기 : 도입 아이디어를 소개합니다.

2 메시지와 정리 : 각 과의 성경 이야기를 정리하고 연대표를 이용해 '가스펠 프로젝트(하나님의 구원 계획)'의 큰 흐름 속에서 이 과의 위치를 파악해 봅니다.

3 복음 초청 : 매주 복음을 전하고 영접 기도로 이끌 수 있는 초청 대화를 담았습니다.

4 암송송 : 단원의 핵심 메시지가 담긴 성경 구절을 쉽게 익힐 수 있도록 찬양과 손유희를 소개합니다.

가스펠 소그룹 **5** 말씀 놀이 – 간식 – 마무리 순서로 진행되는 소그룹 가이드입니다.

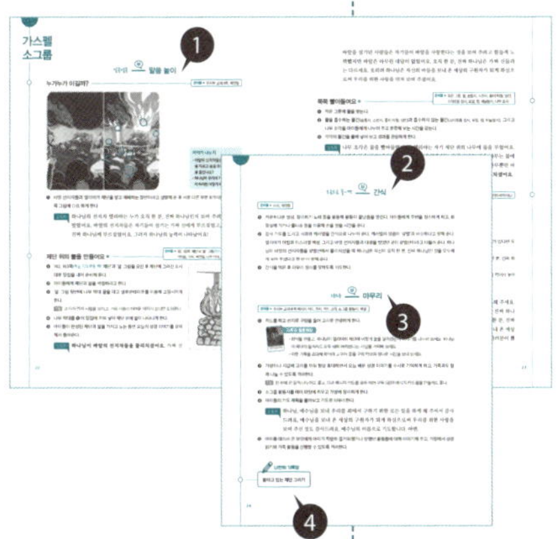

1 알콩달콩 말씀 놀이 : 성경 이야기에서 배운 내용들을 되새기며 즐겁게 놀이할 수 있는 다양한 활동을 소개합니다. 매 과의 첫 번째 활동에는 유치부 교재를 풍성하게 활용할 수 있는 교수 방법이 담겨 있습니다.

2 소곤소곤 꿀~꺽 간식 : 각 과에 어울리는 간식과 효과적인 간식 지도 방법을 소개합니다.

3 오순도순 마무리 : 메시지 카드(각 과의 핵심 내용과 가족과 함께하는 활동을 담은 카드)를 나누어 주고, 아이들이 활동한 자료를 파일에 정리한 후 기도로 마무리하는 과정을 안내합니다.

4 나만의 기록장 : 한 과를 정리하며 나 자신을 돌아보게 하는 활동입니다. 시간 여건에 맞게 활용할 수 있습니다.

발간사

이형기

두란노서원 원장

두란노서원을 통해 라이프웨이(LifeWay)의《가스펠 프로젝트》성경 공부 교재 시리즈를 발간할 수 있도록 인도하신 하나님께 감사드립니다. 험한 소리로 가득한 세상에 이 책을 디딤돌처럼 놓습니다. 우리 삶은 말씀을 만난 소리로 풍성해져야 합니다. 주님을 만난 기쁨의 소리, 진실 앞에서 탄식하는 소리, 죄를 씻는 울음소리, 소망을 품은 기도 소리로 가득해야 합니다.

《가스펠 프로젝트》는 신구약을 관통하는 예수 그리스도의 복음을 발견하고, 그 가르침을 삶에 적용하는 지혜를 얻도록 기획한 성경 공부 교재입니다. 어린아이부터 어른에 이르기까지 생애주기에 따른 복음 메시지를 잘 배울 수 있습니다. 또한, 거짓 진리가 미혹하는 이 시대에 건강한 신학과 바른 교리로 말씀을 조명하여 성도의 신앙이 좌로나 우로나 치우치지 않도록 돕습니다.

두란노서원은 지금까지 "오직 성경, 복음 중심, 초교파적 관점"을 바탕으로 한국 교회와 성도를 꾸준히 섬겨 왔습니다. 오직 성경의 정신에 입각해 책과 잡지를 출판해 왔으며, 성경에 근거한 복음 중심의 신학을 포기한 적이 없습니다. 그리고 교단과 교파를 초월하여 교회와 성도가 하나님 나라를 바라볼 수 있도록 돕기 위해 노력해 왔습니다.《가스펠 프로젝트》는 두란노가 지켜 온 세 가지 가치를 충실하게 담은 책입니다.

성경은 구원을 위한 책이며, 구원사의 주인공은 예수 그리스도입니다. 창세기부터 요한계시록까지 오직 예수 그리스도의 복음만을 전하는《가스펠 프로젝트》성경 공부 교재를 통해 복음의 은혜와 진리를 깊이 경험하고, 복음 중심의 삶이 마음 판에 새겨지기를 바랍니다. 그리고 예수 그리스도 복음에 굳게 선 한 사람의 영향력이 가정과 교회와 사회에 흘러감으로써 거룩한 하나님 나라가 확산되어 가기를 소망합니다.

감수사

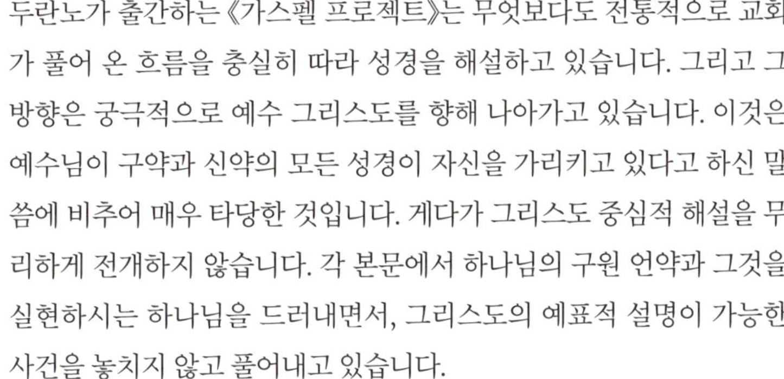

김병훈

합동신학대학원대학교
조직신학 교수

두란노가 출간하는 《가스펠 프로젝트》는 무엇보다도 전통적으로 교회가 풀어 온 흐름을 충실히 따라 성경을 해설하고 있습니다. 그리고 그 방향은 궁극적으로 예수 그리스도를 향해 나아가고 있습니다. 이것은 예수님이 구약과 신약의 모든 성경이 자신을 가리키고 있다고 하신 말씀에 비추어 매우 타당한 것입니다. 게다가 그리스도 중심적 해설을 무리하게 전개하지 않습니다. 각 본문에서 하나님의 구원 언약과 그것을 실현하시는 하나님을 드러내면서, 그리스도의 예표적 설명이 가능한 사건을 놓치지 않고 풀어내고 있습니다.

성경 공부 교재는 명시적으로 혹은 암시적으로 제시하는 교리적 진술이 교리 체계상 건전해야 합니다. 《가스펠 프로젝트》는 99개 조에 이르는 핵심 교리를 일목요연하게 제시하여 교리의 건전성을 확인할 수 있도록 도움을 줍니다. 《가스펠 프로젝트》의 교리는 교파를 막론하고, 예수 그리스도의 복음에 충실한 복음주의 교회들에게 환영받을 만합니다. 물론 교파마다 약간의 이견을 갖는 부분들이 있을 수 있겠지만, 각 교회에서 교재를 활용하는 데에 무리가 없을 것입니다. 《가스펠 프로젝트》의 특징은 각 과에서 학습한 내용을 핵심 교리와 연결해 주며, 그 결과 그리스도의 복음에 관련한 교리적 이해를 강화시킨다는 데에 있습니다.

끝으로 《가스펠 프로젝트》는 어떤 성경 주해서나 교리 학습서가 갖지 못하는 훌륭한 장점을 가지고 있습니다. 그것은 학습자를 하나님과 그리스도의 복음 앞으로 이끌며, 자신의 신앙과 삶을 돌아보도록 하는 적용의 적실성과 훈련의 효과입니다. 아울러 본문과 관련한 교회사적으로 또 주석적으로 중요한 신학자와 목사의 어록을 제시하고, 심화 토론을 위한 질문을 달아 주고, 선교적 안목을 열어 주는 적용 질문들을 더해 준 것은 《가스펠 프로젝트》에서 얻을 수 있는 커다란 유익입니다.

추천할 만한 마땅한 성경 공부 교재를 찾기가 쉽지 않은 현실에서 《가스펠 프로젝트》는 성경을 개괄적으로 매주 한 과씩 3년의 기간 동안 일목요연하게, 그리고 그리스도 중심적으로 공부하도록 이끌어 준다는 점에서, 한국 교회의 기초를 성경 위에 놓는 일에 커다란 공헌을 할 것으로 믿어 의심치 않습니다.

이희성

총신대학교
신학대학원
구약학 교수

"보라 날이 이를지라 내가 기근을 땅에 보내리니 양식이 없어 주림이 아니며 물이 없어 갈함이 아니요 여호와의 말씀을 듣지 못한 기갈이라"(암 8:11). 주전 8세기 아모스 선지자의 외침이 오늘 이 시대에 다시 메아리쳐 오고 있습니다. 두란노의 《가스펠 프로젝트》는 성도들이 겪고 있는 영적인 갈증과 혼란을 해소해 줄 수 있는 유익한 성경 공부 교재입니다.

첫째, 《가스펠 프로젝트》는 성경 전체 흐름과 문맥에 따라 구성되어 성경의 큰 그림을 볼 수 있도록 도와줍니다. 또 성경 각 본문의 의미를 깊이 이해할 수 있도록 해당 분야의 전문 성경 신학자들의 주석적 견해를 잘 소개하고 있습니다. 둘째, 본문 연구와 함께 관련 핵심 교리를 적절하게 소개하여 성경과 교리를 연결할 수 있습니다. 또 모든 세션에서 그리스도와의 연결점을 찾아 제시함으로써 구약 본문을 통해서도 복음을 깨달을 수 있습니다. 성경 공부 전 과정을 마치면 성도들이 복음에 대한 견고한 믿음을 가지게 될 것입니다. 셋째, 성경 공부 적용의 초점을 선교에 맞추어 성도들이 삶의 현장에서 복음의 증인으로서의 사명을 감당할 수 있게 도와줍니다. 마지막으로, 주일학교에서 장년에 이르기까지 동일한 주제와 본문으로 성경을 공부하도록 구성하였기 때문에 모든 교인이 한 말씀 안에서 한 믿음의 공동체를 이루며 성숙해 가는 영적 부흥을 경험하게 될 것입니다.

두란노의 《가스펠 프로젝트》를 통해 말씀이 갈급한 기근의 시대에 영적 해갈의 기쁨을 경험하시기 바랍니다.

정희영

총신대학교
유아교육과 교수

《가스펠 프로젝트》유치부 교재는 유아의 특성에 맞게 그림과 활동으로 구성되어 있으며, '이야기 나누기'를 통해 성경 이야기를 복습함으로써 성경에 대한 이해와 기억을 돕고 있습니다. 교사용 교재는 교사가 성경 이야기를 쉽게 설명할 수 있도록 '가스펠 준비', '가스펠 설교', '가스펠 소그룹'의 단계로 나누어 진행 방법을 소개하고 있습니다. 특별히 성경 이야기를 나누기 전에 '본문 속으로'를 통해 교사들이 아이들에게 가르쳐야 하는 성경의 내용을 이해하고 숙지하도록 중요한 부분을 설명해 주고, '티칭 포인트'에서 다시 한 번 핵심이 무엇인지 강조해 줍니다. 또한 홈페이지에서 '교사 지도 가이드' 영상을 제공하여 영상 세대 교사

들이 쉽고 친근한 자료로 교사 교육의 시공간적 한계를 극복하도록 도움을 주고 있습니다.

이러한 교재의 구성은 유아의 발달 특징을 잘 고려한 것이며, 성경을 잘 모르는 교사들도 성경 이야기를 왜곡되지 않게 잘 이해해 아이들에게 효율적으로 나눌 수 있게 했다는 특징을 지닙니다. 이는 다른 성경 공부 교재들과 차별되는 특징으로서 《가스펠 프로젝트》가 좋은 성경 공부 교재임을 보여 줍니다.

《가스펠 프로젝트》의 내용 가운데 구약은 창세기부터 시작해 말라기에 이르기까지의 내용을 "위대한 시작", "하나님의 구출 계획", "약속의 땅", "왕국의 설립", "선지자와 왕", "돌아온 하나님의 백성" 등으로 나누어 다루고 있습니다. 대부분의 유치부 성경 공부 교재가 구약의 사건을 이야기 중심으로 가르치는 반면, 《가스펠 프로젝트》는 사건의 흐름에 맞추어 성경의 핵심 교리를 가르치되 유아의 발달 상황을 고려해 구성했습니다. 유아들에게 교리는 어렵다는 생각에서 탈피해 그들의 영성을 고려해 내용을 구성한 점은 《가스펠 프로젝트》의 장점이라고 할 수 있습니다.

《가스펠 프로젝트》의 또 다른 장점은 '가스펠 설교'를 마무리할 때 예수 그리스도께 초점을 맞추고 있다는 점입니다. 구약은 오실 예수 그리스도에 대한 예표요, 신약은 오신 예수 그리스도에 대한 사건을 기록하고 있다는 점에서 예수 그리스도께서 성경의 주인이심을 잘 표현하고 있습니다.

현재 우리나라의 출산율은 OECD 국가 가운데 최하위를 차지하고 있으며, 교회의 주일학교는 반 이상이 줄어든 상황입니다. 이러한 위기 속에서 언약 백성으로 다음 세대를 잘 양육해야 할 책임이 있는 교회와 그리스도인 부모, 교사들에게 《가스펠 프로젝트》는 이 시대에 부응하는 효율적이며 영향력 있는 좋은 성경 공부 교재가 될 것입니다.

✝ 　　《가스펠 프로젝트》는 한 영혼, 한 영혼을 향한 하나님의 멈추지 않는 사랑을 전하며, 아들을 내어 주신 아버지 하나님의 놀라운 구원 계획에 눈뜨게 하는 교재입니다. 성경을 꿰뚫는 변함없는 메시지, 예수 그리스도를 만날 수 있는 교재입니다. 유익한 활동과 흥미로운 반복 학습을 통해 기독교 핵심 주제를 접하고, 말씀을 가까이하며 가족과 묵상을 나누도록 이끄는 방식에 기대가 큽니다. 다양한 소재의 동영상과 그림 자료는 시청각 자료가 부족한 교육 현장에 큰 활력을 불어넣어 줄 것입니다. 교재 내용에 맞게 창작된 찬양은 곡조가 있는 산 기도를 체험하게 도와줄 것입니다. 무미건조한 습관적 예배, 아이들과 소통하지 못해 안타까워했던 부모와 교사, 다음 세대를 걱정하는 교회 지도자들에게 이 교재를 추천합니다.

김요셉 _ 중앙기독학교 교목, 원천침례교회 목사

추천사

✝ 　　우리 시대의 전 세계적 교회 부흥은 두 가지 샘을 갖고 있습니다. 한 샘은 오순절 부흥 운동의 샘입니다. 이 샘으로 많은 시대의 목마른 영혼들이 목마름을 해갈했습니다. 또 하나의 샘은 성경 연구의 샘입니다. 남침례교 주일학교 운동은 이 샘의 개척자입니다. 이 샘으로 지금도 많은 성도가 목마름을 해갈하고 있습니다. 미국 남침례교 라이프웨이 출판사는 이러한 사역을 충실히 감당해 왔습니다. 《가스펠 프로젝트》는 모든 필요를 공급하는 원천이 될 것입니다. 《가스펠 프로젝트》는 쉬우면서도 결코 피상적이지 않습니다. 믿음의 단계를 따라 하나님의 자녀들에게 꼭 필요한 복음의 진수를 맛보게 해 줄 것입니다.

이동원 _ 지구촌교회 원로 목사, 지구촌 미니스트리 네트워크 대표

✝ 　　《가스펠 프로젝트》는 예수 그리스도를 중심으로 성경을 배웁니다. 성경이 어떻게 그리스도와 연결되어 있는지, 또 성도의 삶이 하나님의 구원 계획에 어떻게 연결되어야 하는지 구체적으로 제시합니다. 특히 《가스펠 프로젝트》는 하나의 본문으로 각 연령에 맞게 구성한 교재를 제공하여 하나의 본문으로 전 세대를 연결하고, 가정과 교회를 하나 되게 합니다. 신앙의 전수가 중요한 시대에 성도와 교회와 가정이 한마음으로 다음 세대를 준비시키기에 적합합니다. 특히 가정에서 부모가 자녀와 말씀으로 대화를 나눌 수 있게 하여 자녀 신앙 교육에 도움이 될 것입니다.

이재훈 _ 온누리교회 담임 목사

✝ 　　《가스펠 프로젝트》를 펼치는 순간 가슴이 뛰었습니다. 이 시대를 살아가는 모든 그리스도인에게 꼭 필요한 성경의 핵심적 내용을 쉬우면서도 흥미로운 설명으로 펼쳐 내면서 성경을 깊이 알아 가는 기쁨과 구체적인 적용을 돕고 있기 때문입니다. 무엇보다도 가장 뛰어난 점은, 성경의 중심이 되는 예수님을 충실하게 드러낸다는 점입니다. 복음 프로젝트를 성실하게 따라가다 보면 예수님을 통해 완성하시는 하나님의 구원 역사 프로젝트가 드러날 것이고, 나아가 하나님 나라가 우리 삶에 한층 가까워질 것입니다. 이 시리즈를 통해 체계적인 '가정 제자 훈련'과 '성경 공부'를 정착시켜 한국 교회와 이민 교회에 거룩한 부흥의 불길이 일어나기를 기대합니다.

류응렬 _ 와싱톤중앙장로교회 담임 목사, 고든콘웰신학대학원 객원 교수

✝ 　　《가스펠 프로젝트》 유치부 교재는 유아에게 성경을 좀 더 효과적으로 가르칠 수 있도록 돕는 교재입니다. 성경 전체에서 끊임없이 말하고 있는 '예수 그리스도'를 유아기에 꼭 맞는 교수 방법으로 소개해 유아에게 예수님과의 행복한 만남을 선물할 것입니다. 또한《가스펠 프로젝트》는 가정과의 연계 교육이 매우 중요한 유아기에 부모와 긴밀하게 상호 작용할 수 있도록 구성되어 있습니다. 전 연령에 맞는 교재가 구비되어 있기 때문에 모든 가족, 더 나아가 모든 교회의 구성원이 같은 말씀으로 대화를 나눌 수 있습니다. 이 교재를 통해 다음 세대가 인생에 꼭 필요한 '예수 그리스도의 복음'의 토대 위에서 은혜 안에 자라 가기를 바랍니다.

이영희 _ 카도쉬비전센터 이스라엘교육연구원 대표, 《토라 태교》 저자

✝ 　　두란노서원은 오랫동안 어린이용 성경 큐티 자료집의 발간을 통해 어린이들이 가정에서 부모와 함께 성경을 읽고 묵상할 수 있는 주요한 사역을 감당해 왔습니다. 이제 두란노서원의《가스펠 프로젝트》의 발간으로 아이들이 교회에서는 교회학교 교사와, 가정에서는 부모와 성경을 공부해 복음적 삶의 변화를 가져올 수 있게 됨을 축하합니다.《가스펠 프로젝트》는 교회학교 교사가 아이들에게 말씀을 효과적으로 가르칠 수 있는 교수 매체로서, 아이들과 함께 다양한 놀이 및 활동을 할 수 있도록 안내합니다. 유치부가 사용할 교재의 삽화는 성경의 주요 본문에 가까워 성경의 본문 내용을 이해하도록 하는 데 도움을 줍니다. 또한 활동 자료는 아이들의 발달 수준에 적절합니다.《가스펠 프로젝트》를 사용하는 교회학교 교사, 부모, 아이들이 예수 그리스도를 배우고 본받아 하나님이 주신 사명을 실천할 수 있기를 바랍니다.

장화선 _ 안양대학교 기독교교육과 교수

계시하시는 하나님

북 이스라엘과 남 유다는 악한 왕들의 통치를 받으며 끊임없이 하나님께 불순종했습니다. 하나님은 선지자 엘리야와 엘리사, 이사야, 그리고 히스기야왕을 보내 하나님의 능력과 사랑, 신실하심을 자기 백성에게 드러내셨습니다. 하나님은 구원자 예수님을 보내 그들의 죄를 없애겠다는 계획도 알리셨습니다.

엘리야가
악한 아합을
꾸짖었어요

엘리야가
이세벨을 피해
도망쳤어요

하나님이
나아만을
고쳐 주셨어요

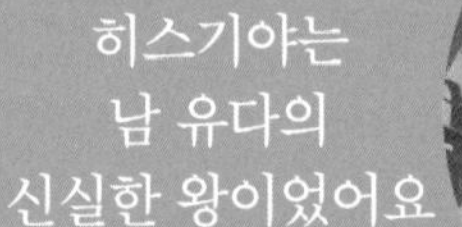
히스기야는
남 유다의
신실한 왕이었어요

이사야가
메시아에 대해
외쳤어요

하나님이
이사야를
부르셨어요

플라스마 볼

카운트다운 영상(지도자용 팩)은 예배 대형으로 모이거나 대형을 바꾸며 준비할 시간을 알리는
데 활용한다. 익숙해질 때까지 중간에 남은 시간을 알리는 것도 좋다.
예) "1분 전입니다", "30초 전입니다. 마음을 가다듬고 기도하며 하나님께 나아갑시다"등.

옛적에 선지자들을 통하여 여러 부분과 여러 모양으로 우리 조상들에게 말씀하신 하나님이
이 모든 날 마지막에는 아들을 통하여 우리에게 말씀하셨으니(히 1:1~2상).

히브리서 1:1~2상

작곡 : J.J. Rousseau
편곡 : 김효정

원곡 : 새찬송가 96장(예수님은 누구신가)

1 엘리야가 악한 아합을 꾸짖었어요

주제 하나님이 바알의 선지자들을 물리치셨어요.

예수님 생각하기 가짜 신 바알을 섬기던 사람들은 자기들이 바알을 사랑한다는 것을 보여 주기 위해 춤추고 소리를 질렀어요. 하지만 하나님은 그런 가짜 신들과는 다르세요. 하나님은 오히려 우리를 향한 사랑을 나타내기 위해 하나님의 아들 예수님을 보내셨어요. 예수님은 예수님을 믿고 의지하는 사람들을 죄에서 구원하기 위해 피 흘리고 죽으셨어요.

단원 암송 히 1:1~2상

성경의 초점 하나님 말고 다른 신이 있나요?
진짜 하나님은 오직 한 분뿐이세요.

아합은 악한 왕이었습니다. 그는 "그 이전의 이스라엘의 모든 왕보다 심히 이스라엘 하나님 여호와를 노하시게" 했습니다(왕상 16:33 참조). 아합의 행동은 악했습니다. 하나님은 하나님의 백성이 신실하기를 바라셨지만, 아합은 그들을 하나님에게서 더 멀어지게 만들었습니다.

하나님은 엘리야를 보내 아합 앞에 세우셨습니다. 열왕기상 17장을 보면, 엘리야는 아합에게 가뭄이 있을 것이라고 경고했습니다. 그 땅에 3년간 비가 내리지 않도록 하나님이 막으신 것입니다. 비와 풍요의 신으로 알려진 가나안의 가짜 신 바알을 섬기던 아합에게 가뭄은 누가 참 하나님인가를 보여 주는 강력한 메시지였습니다.

하나님은 땅에 비를 내릴 준비를 하셨고, 엘리야는 다시 아합을 찾아갔습니다. 그는 아합에게 이스라엘 백성과 바알의 선지자들을 갈멜산에 모으라고 말했습니다. 모두 모이자 엘리야는 백성에게 하나님을 따를지, 바알을 따를지 한 가지를 선택하라고 요구했습니다. 둘 다 따를 수는 없기 때문입니다.

엘리야는 바알의 선지자들에게 누가 유일한 참 하나님인지 증명해 보자고 도전했습니다. 그들은 각자의 제단 위에 소를 한 마리씩 준비한 다음, 자신들의 신에게 하늘에서 불을 내려 달라고 기도하기로 했습니다. 먼저 바알의 선지자들이 바알의 이름을 부르며 큰 소리를 질렀습니다. 심지어 칼로 자기 몸까지 베었지만 바알에게서는 아무런 대답도 없었습니다.

엘리야는 제단과 그 주위가 흥건해지도록 물을 부었습니다. 그리고 하나님께 기도했습니다. 하나님은 하늘에서 불을 보내셨습니다. 번제물과 제단과 그 주변의 모든 것이 타 버렸습니다. 바알의 선지자들은 엘리야의 하나님이 유일한 참 하나님이시라는 사실을 인정하지 않을 수 없었습니다. 마침내 하나님은 큰비를 내려 오랜 가뭄을 끝내셨습니다.

● ● 티칭 포인트

가짜 신 바알은 아무 능력이 없습니다. 아이들을 가르칠 때 우리 하나님만이 유일한 참 하나님이시며, 하나님의 백성을 돕고 구원할 능력을 가지고 계신 분이라는 사실을 강조하십시오. 하나님의 구원은 오직 하나님의 아들이신 예수님을 통해서 옵니다.

엘리야가 악한 아합을 꾸짖었어요

왕상 18장

아합은 이스라엘의 왕이었어요. 그는 나쁜 왕이었지요. 아합은 이스라엘 백성이 하나님을 멀리 떠나 바알이라는 가짜 신을 섬기게 만들었어요. 아합의 악한 행동 때문에 하나님은 이스라엘 땅에 비를 내려 주지 않으셨어요. 가뭄이 들게 하신 것이지요. 가뭄은 아합왕과 모든 사람에게 바알이 아니라 하나님이 모든 것을 다스리는 능력이 있는 분이시라는 사실을 알게 해 줄 거예요.

가뭄 때문에 백성의 삶은 몹시 힘들어졌어요. 3년 동안이나 이스라엘 땅에는 비가 오지 않았지요. 호수와 강이 다 말라 버렸고, 논밭에서 곡식을 키울 수도 없었어요.

마침내 하나님은 비를 내려 주기로 하셨어요. 하나님은 엘리야라는 선지자를 통해 아합왕에게 말씀하셨어요. 엘리야는 이렇게 말했어요. "이스라엘이 고통을 겪고 있는 이유는 하나님께 불순종하고 가짜 신을 섬긴 왕 때문입니다." 엘리야는 아합왕에게 모든 백성과 바알 우상을 섬기는 선지자들을 갈멜산으로 불러 모으라고 말했어요.

모두 모이자 엘리야가 백성에게 말했어요. "이제 마음을 정하십시오! 여호와가 하나님이시면 여호와를 따르고, 바알이 하나님이면 바알을 따르십시오."

엘리야는 누가 오직 한 분, 진짜 하나님인지 한번 증명해 보자고 도전했어요. 그는 바알 선지자들에게 "바알에게 기도해 제단 위에 불을 내려 달라고 하십시오. 저는 여호와께 기도하겠습니다. 불을 보내 응답하는 신이 진짜 하나님이십니다"라고 말했어요. 바알 선지자들은 그들이 섬기는 가짜 신을 위해 제단을 쌓았어요. 그런 다음 소 한 마리를 가져다가 준비해 제단 위에 놓았어요.

바알 선지자들은 아침부터 저녁까지 바알에게 기도했어요. "바알이여, 우리에게 불을 보내 응답해 주소서!" 그러나 바알에게서는 아무런 대답이 없었어요. 그들은 춤을 추고, 소리를 지르며, 심지어 칼과 창으로 자기 몸을 찔러 상처를 내기도 했어요. 그런데도 바알로부터 아무런 대답이 없었답니다.

엘리야는 모든 백성에게 가까이 오라고 말했어요. 그는 돌로 제단을 쌓고, 제단 주변에 도랑을 파고, 나무를 쌓아 놓은 후 소 한 마리를 준비해 올려놓았어요. 그런 다음 항아리 네 개에 물을 가득 채워다가 나무와 소 위에 부으라고 했어요. 두 번씩 더 가져다 부으라고 했어요. 모든 것이 흠뻑 젖도록 말이지요. 물은 제단에서 흘러내려 도랑을 가득 채웠어요.

엘리야는 하나님께 기도했어요. "하나님, 제게 응답해 주십시오! 그래서 주님이 오직 한 분, 진짜 하나님이신 것을 이 백성이 알게 해 주십시오."

그러자 하나님이 하늘에서 불을 내려 주셨어요. 불은 소와 나무와 돌과 흙까지 모두 태워 버렸어요! 도랑의 물도 바싹 말랐지요!

누구도 여호와 하나님만이 오직 한 분, 진짜 하나님이시라는 사실을 의심할 수 없었어요. 모든 백성이 얼굴을 땅에 대고 말했어요. "여호와가 하나님이십니다! 여호와가 하나님이십니다!" 엘리야는 바알을 섬기던 선지자들을 모두 죽게 했어요.

　　얼마 후, 구름이 하늘을 덮어 어두워졌어요. 마침내 하나님이 이스라엘 땅에 큰비를 내리셨어요. 하나님은 가뭄을 끝내시고 자신이 오직 한 분, 진짜 하나님이신 것을 분명하게 보여 주셨어요.

● ● 예수님 생각하기

가짜 신 바알을 섬기던 사람들은 자기들이 바알을 사랑한다는 것을 보여 주기 위해 춤추고 소리를 질렀어요. 하지만 하나님은 그런 가짜 신들과는 다르세요. 하나님은 오히려 우리를 향한 사랑을 나타내기 위해 하나님의 아들 예수님을 보내셨어요. 예수님은 예수님을 믿고 의지하는 사람들을 죄에서 구원하기 위해 피 흘리고 죽으셨어요.

가스펠 준비

싱글벙글 ── 환영해요

"나의 주 하나님"(지도자용 팩)을 배경음악으로 튼다. 아이들을 반갑게 맞이하며 헌금과 기도를 도와준다. 예배 중 헌금 순서가 있다면 아이들이 헌금을 잘 간수하도록 돕는다. 가방과 외투를 정리하도록 안내한다. 새로 온 아이가 있다면 음수대와 화장실의 위치를 알려 주고, 보호자와 만나는 시간과 방법 등을 소개한다. 보호자들을 위한 안내문을 붙여 아이와 만나는 시간, 기다리는 장소, 헌금 방법, 아이에 대한 특별한 주의 사항을 교사에게 미리 알려 주기 등을 공지한다.

너랑 나랑 ── 마음 열기

주제와 관련 있는 퍼즐이나 블록 등 아이들이 좋아하는 장난감을 몇 가지 비치해 두고 다양한 활동을 하며 예배를 준비하거나 예배 장소 및 친구들과 익숙해지도록 돕는다. 아이들이 마음을 열고 오늘의 주제에 관심을 갖게 하며 예배에 집중할 수 있도록 도와준다. 교회 형편에 맞게 시간과 활동 방법을 조절한다.

물웅덩이에 뛰어들어요 ✱

준비물 ▶ 파란색 마스킹 테이프

❶ 예배실 바닥 곳곳에 파란색 마스킹 테이프를 동그란 모양으로 붙여 '물웅덩이'를 만들어 둔다.

tip 아이들이 쉽게 뛸 수 있도록 물웅덩이 사이의 간격을 조정한다.

❷ 아이들에게 한 물웅덩이에서 다른 물웅덩이로 폴짝폴짝 뛰어 보라고 한다.

> 인도자 비가 많이 오면 물웅덩이가 생겨요. 장화를 신고 물웅덩이에서 첨벙첨벙 뛰어놀 수 도 있지요. 그런데 오늘의 성경 이야기에서 사람들은 물웅덩이에 뛰어들 수가 없었 어요. 이스라엘에 비가 안 온 지 벌써 3년이나 되었거든요! 물웅덩이는 커녕, 먹을 물을 찾기도 힘들어졌어요. 아합왕이 백성을 잘못 인도해서 그들이 바알이라는 가 짜 신을 섬기자 하나님이 비를 멈추셨기 때문이지요. 어떤 일이 있었는지 함께 알아 보기로 해요.

제단을 쌓아요 ✱

준비물 ▶ 카프라(젠가)

❶ 아이들에게 카프라로 제단을 쌓게 한다. 12개의 조각을 이용해 한 개의 제단을 쌓으라고 한다.

❷ 여러 개의 제단을 쌓을 수 있도록 시간을 충분히 준다.

> 인도자 다 함께 제단을 쌓아 보았어요. 오늘의 성경 이야기에는 제단을 쌓고 그 주변을 돌 며 춤을 춘 사람들이 나와요. 그들은 왜 제단을 쌓았을까요? 함께 알아볼까요?

그림 성경을 읽어요 ✱

준비물 ▶ 성경, 다양한 성경 동화책

❶ 성경과 다양한 성경 동화책을 준비해 아이들이 자유롭게 볼 수 있도록 한다.

❷ 아이들에게 어떤 이야기를 가장 좋아하는지 물어본다.

> 인도자 성경에서 제일 좋아하는 이야기가 무엇인가요? 성경에 나오는 인물들 중 기억하는 이름이 있다면 말해 보세요. 오늘의 성경 이야기에는 혼자서 많은 사람과 싸운 이야 기가 나와요. 과연 어느 쪽이 이겼을까요?

예배 대형으로 모이기

• 카운트다운 영상, 모이기 노래 등을 활용해 예배 대형으로 바꾸고 마음을 준비하게 한다.
• 공간을 이동해야 한다면 양손 검지를 펴서 숫자 1을 만들며 가도록 한다.

가스펠 설교

하나 — 들어가기

물에 푹 담가 젖은 나무 막대와 마른 상태의 나무 막대 하나씩을 준비해 아이들에게 관찰할 시간을 준다.

불을 피울 때는 젖은 나무가 아니라 마른 나무를 사용해요. 젖은 나무에는 불이 잘 안 붙거든요. 그런데 오늘의 성경 이야기에서는 젖은 물건들이 활활 타올랐어요! 하나님이 강력한 방법으로 하나님의 능력을 보여 주셨거든요. 자세한 이야기를 함께 들어 볼까요?

둘 — 성경 이야기

열왕기상 18장을 편다. 설교 영상(지도자용 팩)을 보여 주거나 이야기 성경을 들려준다.

성경에는 하나님에 대한 이야기와 하나님의 참된 말씀이 들어 있어요. 성경 속의 이야기는 모두 실제로 일어났던 일이에요. 오늘의 성경 이야기는 '열왕기상'에 나온답니다.

셋 — 메시지와 정리

하나님은 바알이 아무런 힘이 없다는 것을 하나님의 백성이 알기를 바라셨어요. 오직 온 세상을 창조하신 하나님만이 모든 것을 하실 수 있고, 만드신 모든 것을 다스리세요. **하나님은 바알의 선지자들을 물리치셨어요.** 하나님은 엘리야의 기도에 응답하셔서 바알의 선지자들에게 자신이 진짜 하나님임을 보여 주셨어요.

'가스펠 프로젝트_하나님의 구원 계획' 영상(지도자용 팩)을 보여 주고 오늘의 성경 이야기도 하나님의 거대한 구원 계획의 한 부분에 속하는 이야기임을 상기시킨다. 연대표(지도자용 팩)를 가리키면서 복습 질문을 한다.

1. 아합왕은 어떤 가짜 신을 섬겼나요? 바알
2. 아합왕이 이스라엘을 잘못 인도해 바알을 섬기게 만들자 하나님이 어떻게 하셨나요? 가뭄을 보내셨다
3. 누가 오직 한 분, 진짜 하나님인지 밝힐 대결을 생각해 낸 사람은 누구인가요? 엘리야
4. 바알은 왜 제단에 불을 내려보내지 못했나요? 진짜 신이 아니기 때문에
5. 엘리야는 왜 제단에 물을 부었나요? 하나님이 불가능한 일을 해 내시는 모습을 백성에게 보여 주려고

넷 — 성경의 초점

1과의 '성경의 초점' 질문과 답은 **"하나님 말고 다른 신이 있나요?"**, **"진짜 하나님은 오직 한 분뿐이세요"**예요. 가짜 신 바알을 섬긴 사람들은 자기들이 바알을 사랑한다는 것을 보여 주기 위해 힘들게 노력했어요. 하지만 바알은 아무런 대답도 없었지요. 오직 한 분, 진짜 하나님은 가짜 신들과 다르세요. 하나님은 하나님의 아들 예수님을 보내 온 세상의 구원자가 되게 하심으로써 우리를 위한 사랑을 먼저 보여 주셨어요.

다섯 — 복음 초청

아이들에게 '복음'이라는 말을 들어 본 적이 있는지 물어본다.

'복음'이라는 말을 들어 본 적이 있나요? 복음이란 '좋은 소식'이라는 뜻이에요. 우리에게 보내신 하나님의 좋은 소식이 무엇일까요?

성경과 90쪽 복음 초청 가이드를 이용해서 아이들에게 그리스도인이 되는 법을 설명해 준다. 따로 상담해 줄 사람을 정해 주고 궁금한 점이 있으면 물어보도록 격려한다.

이 시간 예수님을 마음에 모시고 싶은 친구는 함께 기도해요.

여섯 — 기도

하나님, 세상에는 많은 신이 있지만 오직 한 분, 진짜 신이신 하나님만이 우리를 돕고 구원할 능력이 있으시다는 사실을 믿어요. 우리를 정말 사랑하셔서 하나님의 아들 예수님을 이 땅에 보내 주시고 우리의 죄를 용서해 주신 것에 감사드려요. 예수님의 이름으로 기도합니다. 아멘.

일곱 — 암송송

성경에서 히브리서 1장 1~2 상반절을 펴고 큰 소리로 여러 번 따라 읽게 한다.

엘리야는 선지자였어요. 하나님은 엘리야를 통해 하나님의 백성에게 말씀하셨지요. 1단원 암송 구절을 보면, 지금은 하나님이 훨씬 더 좋은 방법으로 우리에게 말씀하신다는 것을 알 수 있어요. 바로 하나님의 아들 예수님을 통해서예요.

암송송(159쪽)에 맞추어 손유희를 하며 말씀을 익힌다.

"옛적에 선지자들을 통하여 여러 부분과 여러 모양으로 우리 조상들에게 말씀하신 하나님이 이 모든 날 마지막에는 아들을 통하여 우리에게 말씀하셨으니"(히 1:1~2상).

가스펠 소그룹

누가누가 이길까?

이야기 나누기
- 바알의 선지자들은 왜 큰 소리를 지르고 춤을 추며 제단 주위를 돌았나요?
- 하나님이 우리의 기도를 들으시게 하려면 어떻게 해야 하나요?

❶ 바알 선지자들과 엘리야가 제단을 쌓고 예배하는 장면이라고 설명해 준 후 서로 다른 부분 8가지를 찾아 오른쪽 그림에 ○표 하게 한다.

인도자 하나님의 선지자 엘리야는 누가 오직 한 분, 진짜 하나님인지 보여 주려고 대결을 벌였어요. 바알의 선지자들은 자기들이 섬기는 가짜 신에게 부르짖었고, 엘리야는 진짜 하나님께 부르짖었어요. 그러자 하나님의 능력이 나타났어요!

제단 위의 불을 만들어요 ＊

❶ 162, 163쪽(또는 지도자용 팩) '제단'과 '불' 그림을 오린 후 제단에 그려진 표시대로 칼집을 내어 준비해 둔다.

❷ 아이들에게 제단과 불을 색칠하라고 한다.

❸ '불' 그림 뒷면에 나무 막대 끝을 대고 셀로판테이프를 이용해 고정시키게 한다.

tip 교사가 먼저 시범을 보이고, 가위 사용이 어려운 아이가 있다면 도와준다.

❹ 나무 막대를 ❶의 칼집에 끼워 넣어 제단 위에 불이 나타나게 한다.

❺ 아이들이 완성된 제단과 불을 가지고 노는 동안 오늘의 성경 이야기를 요약해서 들려준다.

인도자 **하나님이 바알의 선지자들을 물리치셨어요.** 가짜 신

바알을 섬기던 사람들은 자기들이 바알을 사랑한다는 것을 보여 주려고 힘들게 노력했지만 바알은 아무런 대답이 없었어요. 오직 한 분, 진짜 하나님은 가짜 신들과는 다르세요. 오히려 하나님은 자신의 아들을 보내 온 세상의 구원자가 되게 하심으로써 우리를 위한 사랑을 먼저 보여 주셨어요.

쭉쭉 빨아들여요 *

❶ 작은 그릇에 물을 붓는다.

❷ 물을 흡수하는 물건(솜뭉치, 스펀지, 종이 타월, 냅킨)과 흡수하지 않는 물건(스티로폼 접시, 포일, 랩, 비닐봉지), 그리고 나무 조각을 아이들에게 나누어 주고 분류해 보는 시간을 갖는다.

❸ 각각의 물건을 물에 넣어 보고 결과를 관찰하게 한다.

> **인도자** 나무 조각은 물을 빨아들였지요? 엘리야는 자기 제단 위의 나무에 물을 부었어요. 보통은 불을 붙일 때가 아니라 불을 끌 때 물을 붓는데 말이지요! 젖은 나무는 불에 타지 않지만, 하나님은 모든 것을 할 수 있는 분이세요. 하나님은 젖은 나무뿐만 아니라 돌과 흙까지 다 태워 버리셨어요. **하나님이 바알의 선지자들을 물리치셨어요.**

여러 나라를 위해 기도해요 *

❶ 다양한 색의 리본을 약 15cm 길이로 자른 후 각각 다른 나라의 이름을 써 둔다.
> tip 우리 교회가 선교 후원을 하고 있는 나라들을 꼭 포함시키도록 한다.

❷ 나라 이름이 적힌 리본들을 바구니에 담아 놓는다.

❸ 아이들에게 바구니에서 리본을 하나씩 뽑으라고 한다.

❹ 리본을 뽑은 아이에게 리본에 적혀 있는 나라 이름을 읽어 보라고 한다. 이때 읽기가 어려운 아이가 있다면 도와준다. 그 후 인도자가 지구본에서 해당 나라를 찾아 아이들에게 보여 준다.

❺ 리본을 아이의 손목에 묶어 준 후 "하나님, ○○○이라는 나라에 사는 사람들도 하나님이 오직 한 분, 진짜 하나님이시라는 사실을 알게 해 주세요. 예수님의 이름으로 기도합니다. 아멘"이라고 기도한다.
> tip 아이들에게 직접 기도하게 해도 좋다. 인도자를 따라 하거나 아이들이 볼 수 있는 곳에 기도문을 적어서 놓아 두면 좋다.

❻ 모든 아이에게 한 번씩 기회를 준다.

> **인도자** 일주일 동안 리본을 가방에 매고 다니면서 리본에 적힌 나라를 위해 기도해 주세요. 오늘의 성경 이야기에서 **하나님은** 모든 사람에게 하나님이 오직 한 분, 진짜 하나님이라는 사실을 알려 주시려고 **바알의 선지자들을 물리치셨어요.** 오직 한 분, 진짜 하나님은 어떤 가짜 신보다도 좋은 분이세요. 하나님은 자신의 아들을 보내 온 세상의 구원자가 되게 하심으로써 우리를 위한 사랑을 먼저 보여 주셨어요. 여러분이 뽑은 나라의 사람들도 예수님에 관한 진리를 알게 해 달라고 기도하세요.

간식

❶ 카운트다운 영상, 정리하기 노래 등을 활용해 활동이 끝났음을 알린다. 아이들에게 주변을 정리하게 하고, 화장실에 가거나 물티슈 등을 이용해 손을 씻을 시간을 준다.

❷ 감사 기도를 드리고 사과와 캐러멜을 간식으로 나누어 준다. 캐러멜의 발음이 '갈멜'과 비슷하다고 말해 준다. 엘리야가 아합과 이스라엘 백성, 그리고 바알 선지자들과 대결을 벌였던 곳이 갈멜산이라고 떠올려 준다. 하나님이 바알의 선지자들을 갈멜산에서 물리치셨을 때 하나님은 자신이 오직 한 분, 진짜 하나님임을 모두에게 보여 주셨다고 한 번 더 말해 준다.

❸ 간식을 먹은 후 마무리 정리를 잘하도록 지도한다.

마무리

❶ 카드를 떼고 펀치로 구멍을 뚫어 고리로 연결하게 한다.

가족과 활동해요

- 화덕을 만들고, 하나님이 엘리야의 제단에 어떻게 불을 붙이셨는지 이야기를 나누어 보세요. 하나님이 제단의 돌까지도 모두 태워 버리셨다는 사실을 기억해 보세요.
- 이웃 가족을 초대해 화덕에 고구마 등을 구워 먹으며 정다운 시간을 보내 보세요.

❷ 가방이나 지갑에 고리를 끼워 항상 휴대하면서 오늘 배운 성경 이야기를 수시로 기억하게 하고, 가족과도 함께 나눌 수 있도록 격려한다.

> **tip** 한 주에 한 장씩 나누어도 좋고, 13과 메시지 카드를 모두 떼어 구약 5권의 메시지 카드철을 만들어도 좋다.

❸ 소그룹 활동지를 떼어 파일에 끼우고 가방에 정리하게 한다.

❹ 아이들의 기도 제목을 물어보고 기도로 마무리한다.

> **인도자** 하나님, 예수님을 보내 우리를 죄에서 구하기 위한 모든 일을 하게 해 주셔서 감사드려요. 예수님을 보내 온 세상의 구원자가 되게 하심으로써 우리를 위한 사랑을 보여 주신 것도 감사드려요. 예수님의 이름으로 기도합니다. 아멘.

❺ 아이를 데리러 온 부모에게 아이가 특별히 즐거워했거나 잘했던 활동들에 대해 이야기해 주고, 가정에서 성경 읽기와 가족 활동을 진행할 수 있도록 격려한다.

 **나만의 기록장**

불타고 있는 제단 그리기

2 엘리야가 이세벨을 피해 도망쳤어요

주제	하나님이 엘리야에게 용기를 주셨어요.
예수님 생각하기	하나님의 말씀을 선포하는 선지자 엘리야는 자신을 해치려는 적들의 공격을 받았어요. 엘리야의 인생은 예수님을 가리키고 있어요. 위대한 선지자이신 예수님도 하나님의 말씀을 전하고 가르친다는 이유로 미움받고 죽임당하셨어요.
단원 암송	히 1:1~2상
성경의 초점	하나님 말고 다른 신이 있나요? 진짜 하나님은 오직 한 분뿐이세요.

엘리야 선지자는 가짜 신 바알을 이기신 하나님의 놀라운 능력을 보았습니다. 하나님은 하늘에서 불을 보내셨고, 큰비를 내려 오랜 가뭄을 끝내셨습니다. 엘리야는 분명 승리감을 맛보았을 것입니다. 악한 왕 아합도 여호와가 참 하나님이신 것을 부정할 수 없었습니다. 그러나 엘리야에게는 아합의 아내인 이세벨이라는 또 다른 문제가 기다리고 있었습니다. 이세벨은 바알을 숭배했기 때문입니다.

갈멜산에서 일어난 일을 전해 들은 이세벨은 엘리야를 죽이겠다고 협박했습니다. 엘리야는 도망쳐 광야에 숨었습니다. 이 얼마나 급작스러운 변화입니까? 하나님의 영광을 보여 달라고 신념에 가득 차 당당하게 기도하던 사람이 이제는 자신의 생명을 거두어 가시길 간청하고 있습니다(왕상 19:4 참조).

하나님은 엘리야에게 긍휼을 베푸셨습니다. 하나님의 천사가 지친 엘리야에게 먹을 것과 마실 것을 가져다주었습니다. 그것을 먹고 기운을 차린 엘리야는 호렙산에 이르러 하나님을 직접 만나게 되었습니다.

시내산의 또 다른 이름인 호렙산은 이스라엘의 역사상 매우 친숙한 장소였습니다. 그곳은 하나님이 이스라엘 백성에게 십계명을 주신 곳이며, 모세가 하나님을 만난 곳이었습니다.

열왕기하 18장의 사건을 경험했던 엘리야는 하나님이 웅장한 모습으로 나타나시기를 기대했을지도 모릅니다. 하지만 그가 경험한 것은 정반대였습니다. 하나님은 크고 강한 바람 속에 계시지 않았습니다. 지진 속에도 계시지 않았습니다. 불 속에도 계시지 않았습니다. 하나님은 세미한 소리로 엘리야에게 자신을 드러내셨습니다. 그것은 아주 부드러운 소리였습니다.

엘리야는 어려운 상황에 놓여 있었지만, 하나님은 그를 버려두지 않으셨습니다. 그가 혼자가 아니라는 사실을 확인시켜 주셨습니다. 바알에게 무릎을 꿇지 않은 사람 7,000명을 이스라엘에 남겨 두었다고 말씀하셨습니다. 또한 하나님은 엘리야에게 친구이자 후계자가 될 엘리사를 보내셨습니다.

●● **티칭 포인트**

아이들에게 하나님의 선지자들은 고통을 받았지만 하나님은 그들의 인생과 메시지를 통해 언제나 궁극적인 선지자이시며, 제사장이시요, 왕이신 예수 그리스도를 백성에게 나타내셨다는 것을 알려 주시기 바랍니다. 이 세상의 죄를 씻기 위해 고난을 당하신 예수님 말입니다.

엘리야가 이세벨을 피해 도망쳤어요

왕상 19장

엘리야는 선지자였어요. 그는 하나님의 능력을 잘 알았지요. 하나님은 아합왕과 모든 사람에게 자신이 오직 한 분, 진짜 하나님이라는 사실을 보여 주셨어요.

아합왕이 아내 이세벨에게 갈멜산에서 일어난 일을 들려주자 이세벨은 화가 났어요. 이세벨은 엘리야에게 사람을 보내 그를 반드시 죽게 하겠다는 말을 전했어요.

두려워진 엘리야는 이세벨이 찾을 수 없도록 멀리 광야로 도망쳤어요. 힘들고 지친 그는 하나님께 기도했어요. "하나님, 이제 이것으로 충분하니 제 목숨을 가져가 주십시오." 그러고는 로뎀 나무 아래에 누워 잠이 들었어요. 하나님은 엘리야를 도울 천사를 보내셨어요. 천사는 엘리야를 깨우며 "일어나 먹어라"라고 말했어요. 엘리야가 일어나 보니 구운 빵(떡) 한 덩어리와 물 한 병이 놓여 있었어요. 그는 먹고 마신 후 다시 자리에 누웠어요. 천사가 다시 나타나 엘리야를 깨웠어요. "일어나 먹어라. 네 갈 길이 아직 멀었다." 엘리야는 먹고 마셨어요.

음식을 먹고 힘을 얻은 엘리야는 밤낮으로 40일 동안 걸어 하나님의 산인 호렙산에 도착했어요. 엘리야가 호렙산 동굴에 들어가 머물고 있을 때 하나님이 말씀하셨어요. "엘리야야, 어찌하여 여기 있느냐?" 엘리야는 "하나님, 저는 있는 힘을 다해 하나님께 순종했습니다. 하지만 하나님의 백성은 순종하지 않았습니다! 그들은 도리어 제 목숨까지 빼앗으려 합니다!"라고 대답했어요. 하나님은 엘리야에게 "산으로 가서 여호와 앞에 서 있어라"라고 말씀하셨어요.

곧 강한 바람이 세차게 불어와 산을 가르고 바위를 부수었어요. 하지만 하나님은 바람 속에 계시지 않았어요. 바람이 지나간 뒤 지진이 일어났지만, 지진 속에도 하나님은 계시지 않았어요. 그다음에는 불이 났지만, 불 속에도 하나님은 계시지 않았어요. 불이 지나간 후 한 소리가 들렸어요. 아주 조용하고 부드러운 소리였지요.

엘리야는 겉옷으로 자신의 얼굴을 가리고, 동굴 입구에 섰어요. "엘리야야, 네가 어찌하여 여기 있느냐?"라는 소리가 들렸어요. 엘리야는 똑같이 대답했어요. "하나님, 저는 있는 힘을 다해 하나님께 순종했습니다. 하지만 하나님의 백성은 순종하지 않았습니다! 그들은 도리어 제 목숨까지 빼앗으려 합니다!"

하나님은 엘리야에게 세 명을 지도자로 임명하라고 하셨어요. 하사엘은 아람(시리아) 나라의 왕이 될 것이고, 예후는 이스라엘의 왕이 될 것이라고 하셨지요. 그리고 엘리사는 엘리야의 뒤를 이어 선지자가 될 것이라고 하셨어요.

엘리야는 하나님께 순종했어요. 그는 소들로 밭을 갈고 있던 엘리사를 찾았고, 엘리사는 하던 일을 멈추고 엘리야를 따르며 그를 섬겼어요.

하나님의 말씀을 선포하는 선지자 엘리야는 자신을 해치려는 적들의 공격을 받았어요. 엘리야의 인생은 예수님을 가리키고 있어요. 위대한 선지자이신 예수님도 하나님의 말씀을 전하고 가르친다는 이유로 미움받고 죽임당하셨어요.

가스펠 준비

싱글벙글 😊 환영해요

"나의 주 하나님"(지도자용 팩)을 배경음악으로 튼다. 아이들을 반갑게 맞이하며 헌금과 기도를 도와준다. 예배 중 헌금 순서가 있다면 아이들이 헌금을 잘 간수하도록 돕는다. 가방과 외투를 정리하도록 안내한다. 새로 온 아이가 있다면 음수대와 화장실의 위치를 알려 주고, 보호자와 만나는 시간과 방법 등을 소개한다. 보호자들을 위한 안내문을 붙여 아이와 만나는 시간, 기다리는 장소, 헌금 방법, 아이에 대한 특별한 주의 사항을 교사에게 미리 알려 주기 등을 공지한다.

너랑 나랑 😊 마음 열기

주제와 관련 있는 퍼즐이나 블록 등 아이들이 좋아하는 장난감을 몇 가지 비치해 두고 다양한 활동을 하며 예배를 준비하도록 돕는다. 아이들이 마음을 열고 오늘의 주제에 관심을 갖게 하며 예배에 집중할 수 있도록 도와준다. 교회 형편에 맞게 시간과 활동 방법을 조절한다.

제자리 뛰기를 해요 *

준비물 ▶ 타이머

❶ 인도자가 "시작!"이라고 외치면 제자리 뛰기를 시작하라고 말해 준다.

❷ 가장 오랫동안 제자리 뛰기를 한 아이가 승자가 된다.

> **tip** 제자리 뛰기를 할 때 지켜야 하는 안전 규칙을 정한다. 예를 들어, '차렷 자세로 뛴다' 등이다. 연령에 따라 타이머로 시간을 재 뛰는 시간을 조정한다.

> **인도자** 제자리 뛰기를 아주 오랫동안 잘하는군요! 오늘의 성경 이야기에서 엘리야도 뛰었어요. 하지만 달리기를 한 것은 아니었어요. 겁이 나서 도망을 친 것이었지요! 아합 왕의 아내인 이세벨이 엘리야와 가짜 신 바알을 섬기는 선지자들의 대결 소식을 들

었어요. 이세벨은 **하나님이 바알의 선지자들을 물리치신** 것에 화가 났어요. 그래서 엘리야를 해치려고 하자 엘리야가 도망간 거예요. 어떤 일이 있었는지 잠시 후에 들어 보기로 해요.

"우리 모두 다 같이 손뼉을" 노래를 불러요 ✱

❶ "우리 모두 다 같이 손뼉을" 노래를 부르며 가사에 맞추어 율동을 한다.

> tip 노래를 잘 모를 경우 미리 확인해 숙지해 둔다.

예) • '우리' : 노래만 부른다.
  • '모두 다 같이' : 두 손을 차례로 가슴에 모았다가 다시 앞으로 편다.
  • '손뼉을' : 노래만 부른다.
  • '짝짝', '기쁘고 즐겁게 노래해' : 손뼉을 두 번 친다.

인도자 지난주에 배운 성경 이야기를 기억하나요? 하나님은 엘리야를 통해 놀라운 일을 하셨어요! 하늘에서 불을 보내 엘리야가 쌓은 제단을 태우셔서 자신이 진짜 하나님임을 보여 주셨어요. 엘리야는 아마 **하나님이 바알의 선지자들을 물리쳐 주셔서** 아주 기뻤을 거예요. 그런데 오늘의 성경 이야기에 나오는 엘리야는 전혀 기뻐 보이지 않아요. 그 이유를 함께 알아보기로 해요.

예배 대형으로 모이기

• 카운트다운 영상, 모이기 노래 등을 활용해 예배 대형으로 바꾸고 마음을 준비하게 한다.
• 공간을 이동해야 한다면 가장 슬픈 표정을 지으며 가도록 한다.

가스펠 설교

하나 — 들어가기

연대표(지도자용 팩)에서 1과 "엘리야가 악한 아합을 꾸짖었어요" 그림을 보며 간단하게 복습한다. 아이들에게 생각나는 것이 있으면 말해 보라고 한다.

지난주 성경 이야기를 통해 우리는 하나님이 모든 것을 하실 수 있다는 점을 배웠어요. 오늘의 성경 이야기에서는 하나님이 친절하시고 부드러우신 분이라는 점을 배우게 될 거예요.

둘 — 성경 이야기

열왕기상 19장을 편다. 설교 영상(지도자용 팩)을 보여 주거나 이야기 성경을 들려준다.

성경을 보면 하나님이 어떤 분이신지 알 수 있어요. 성경은 하나님의 말씀이기 때문이에요. 하나님의 말씀은 모두 진짜예요. 오늘 듣게 될 성경 이야기는 '열왕기상'에 나온답니다.

셋 — 메시지와 정리

하나님이 놀라운 능력으로 **바알의 선지자들을 물리치셨는데** 엘리야가 이세벨을 무서워하는 것이 조금 이상하지 않나요? 하지만 하나님은 겁내는 엘리야가 이상하다고 생각하지 않으셨어요. **하나님은 엘리야에게 용기를 주셨어요.** 엘리야에게 휴식과 음식이 필요하다는 것을 아셨지요. 그리고 하나님이 여전히 하나님의 선한 계획을 이루어 가고 계신다는 사실을 엘리야가 깨달아야 한다는 것도 아셨어요.

연대표(지도자용 팩)를 가리키면서 복습 질문을 한다.

1. 아합왕의 아내는 누구인가요? 이세벨
2. 이세벨은 엘리야를 어떻게 하려고 했나요? 해치려고 했다
3. 엘리야는 이세벨이 무서워 어떻게 했나요? 광야로 도망쳐 숨었다.
4. 하나님은 엘리야를 돕기 위해 누구를 보내셨나요? 천사
5. 하나님은 바람, 지진, 불 속에 계셨나요? 아니다, 하나님은 조용한 소리로 나타나셨다

넷 — 성경의 초점

지난주에 배운 '성경의 초점'을 기억하고 있나요? 자, 질문해 볼게요. **"하나님 말고 다른 신이 있나요?"** 답은 무엇이지요? **"진짜 하나님은 오직 한 분뿐이세요."** 아주 잘했어요. 이세벨은 사람들이 오직 한 분, 진짜 하나님을 섬기기를 바라지 않았어요. 사실 하나님을 섬긴다는 이유로 엘리야를 해치려고 했지요. 엘리야의 삶을 보면 위대한 선지자이신 예수님이 생각나요. 예수님도 하나님의 아들이라는 이유로 미움받고 죽임당하셨어요.

다섯 — 복음 초청

성경과 90쪽 복음 초청 가이드를 이용해서 아이들에게 그리스도인이 되는 법을 설명해 준다. 따로 상담해 줄 사람을 정해 주고 궁금한 점이 있으면 물어보도록 격려한다.

이 시간 예수님을 마음에 모시고 싶은 친구는 함께 기도해요.

여섯 — 기도

하나님, 어느 순간에나 우리를 지켜 주시고 보호해 주셔서 감사해요. 우리에게 필요한 것을 아시고 채워 주시는 은혜와 사랑도 감사해요. 하나님이 함께하셔서 그 어느 것도 무섭지 않아요. 하나님만이 오직 한 분, 진짜 하나님이시고, 예수님만이 우리의 구원자이심을 고백해요. 사랑하는 예수님의 이름으로 기도합니다. 아멘.

일곱 — 암송송

성경에서 히브리서 1장 1~2 상반절을 펴고 큰 소리로 여러 번 따라 읽게 한다.

엘리야는 하나님의 말씀을 백성에게 전하는 선지자였어요. 이제 우리는 하나님의 말씀을 들으려고 선지자를 찾을 필요가 없어요. 하나님은 우리가 알아야 할 모든 것을 하나님의 아들 예수님을 통해 성경에 말씀하셨어요.

암송송(159쪽)에 맞추어 손유희를 하며 말씀을 익힌다.

"옛적에 선지자들을 통하여 여러 부분과 여러 모양으로 우리 조상들에게 말씀하신 하나님이 이 모든 날 마지막에는 아들을 통하여 우리에게 말씀하셨으니"(히 1:1~2상).

가스펠
소그룹

말씀 놀이

엘리야에게 필요한 것은?

준비물 ▶ 유치부 교재 6쪽, 색연필, 연필

이야기 나누기
- 엘리야는 왜 도망을 갔나요?
- 하나님이 엘리야를 어떻게 위로해 주셨나요?

❶ 그림을 보며 엘리야가 지쳐 로뎀 나무 아래에 잠든 모습이라고 간략히 설명해 준다.

❷ 그림에서 어울리지 않는 물건 6가지에 X표 하라고 한다. 아이들에게 각각의 물건들마다 엘리야에게 필요한 이유와 필요하지 않은 이유를 차례로 말해 보게 한다.

❸ 내가 만약 엘리야라면 무엇으로 위로받고 싶은지 이야기를 나누어 본다.

❹ 천사를 보내 엘리야를 도우신 하나님을 생각하며 엘리야를 찾아온 천사를 그려 보게 한다.

> **인도자** 사실은 구운 빵이나 물병도 광야와 어울리지 않아요. 하지만 오늘의 성경 이야기 속 상황에는 딱 어울리는 물건이지요! 엘리야가 자다가 깨어 보니 구운 빵(떡)과 물 한 병이 준비되어 있었어요. 천사가 그에게 일어나 먹으라고 말했지요.

귓속말로 전해요 ✱

❶ 아이들을 서로의 얼굴을 볼 수 있도록 안쪽을 향해 둥글게 앉힌다.

❷ 인도자가 한 아이에게 귓속말로 짧은 문장을 들려준다.
  예) "하나님이 너와 함께하셔", "용기를 내", "너를 위로해", 2과의 주제 및 '성경의 초점' 답 등.

❸ 아이에게 자신이 들은 문장을 오른쪽에 앉은 친구에게 귓속말로 들려주라고 한다. 같은 방식으로 마지막 아이까지 문장이 전달되게 한다.

❹ 마지막 아이가 큰 소리로 문장을 정확하게 이야기하면 모두 손뼉을 쳐서 축하해 주는 시간을 갖는다. 만약 문

장이 틀렸을 경우, 같은 문장으로 마지막 아이부터 왼쪽으로 돌아가며 문장을 다시 전달하도록 한다.

> **인도자** 우리는 귓속말로 아주 조용하게 말을 전했어요. 하나님도 조용한 소리로 엘리야에게 자신을 나타내셨어요. 엘리야는 하나님이 자기와 함께하신다는 사실을 다시 한 번 깨달아야만 했어요. **하나님이 엘리야에게 용기를 주셨어요.** 오직 한 분, 진짜 하나님은 부드럽고 친절하게 백성에게 필요한 것을 필요한 때에 주시는 분이지요. 하나님은 사람들을 죄에서 구하기 위해 꼭 필요한 때에 예수님을 보내 주셨어요.

바람, 지진, 불, 속삭임을 표현해 보아요 ✶

❶ 각 단어에 해당하는 동작들을 시범으로 보여 준다.

예) • 바람 : 팔을 몸 앞에서 좌우로 움직인다.
    • 지진 : 온몸을 흔든다.
    • 불 : 손을 머리 위로 든 채 손가락을 꼼지락거린다.
    • 속삭임 : "하나님이 엘리야에게 용기를 주셨어요"라는 2과의 주제를 속삭인다.

❷ 아이들에게 인도자가 4가지 단어를 차례로 외치면 동작을 해 보라고 한다. 여러 번 반복해 익숙해지도록 한다.

❸ 익숙해지면 속도를 높여 단어를 재빨리 연달아 말하고, 아이들도 재빨리 연달아 동작을 표현하게 한다.

> **인도자** 하나님은 조용한 소리로 말씀하셨어요. 바람이나 지진, 불을 통해서가 아니었어요. 하나님은 이처럼 우리 바로 곁에서 속삭여 주시기도 해요. **하나님은 엘리야에게 용기를 주셨어요.** 아합왕의 아내 이세벨은 하나님을 섬긴다는 이유로 엘리야를 죽게 하려고 했지요. 엘리야의 삶을 보면 위대한 선지자이신 예수님이 생각나요. 예수님도 하나님의 아들이라는 이유로 미움받고 죽임당하셨어요.

위로의 주머니를 만들어요 ✶

> **준비물** ▶ 주머니, 다양한 위로 물품(스티커, 스티커 북, 가위, 셀로판테이프, 색칠 공부, 퍼즐, 색연필, 크레파스, 사인펜, 풀, 나무 막대, 물감, 비즈 꿰는 도구 및 설명서)

❶ 아이들에게 지역의 어린이 병원을 소개하고, 그곳에 있는 친구들을 위로할 수 있는 방법에 대해 의논해 본다.

❷ '위로의 주머니'에 넣을 다양한 물품을 소개한다.

❸ 아이들을 양옆으로 길게 한 줄로 앉힌 뒤 물품을 종류별로 하나씩 맡아 위로의 주머니에 넣게 한다.

   `tip` 미리 광고해 아이들이 다양한 물품을 준비해 오도록 해 가정 연계 활동으로 활용하면 좋다.

❹ 아이들과 함께 정한 곳에 위로의 주머니를 전달한다.

   `tip` 아이들이 함께 가지 못하는 경우 사진을 찍은 후 다음 주에 아이들에게 보여 주면 좋다.

> **인도자** **하나님이** 두려워 떨고 있는 **엘리야에게 용기를 주셨어요.** 하나님은 우리가 힘든 일을 겪을 때에도 용기를 주세요. 하나님이 우리에게 용기를 주시는 것처럼 우리도 다른 사람들에게 용기를 줄 수 있어요.

간식

준비물 ▶ 빵 또는 '엘리야의 빵 만들기' 재료(앞치마, 머릿수건, 식빵, 초코 펜, 접시)

❶ 카운트다운 영상, 정리하기 노래 등을 활용해 활동이 끝났음을 알린다. 아이들에게 주변을 정리하게 하고, 화장실에 가거나 물티슈 등을 이용해 손을 씻을 시간을 준다.

❷ 하나님이 엘리야에게 빵(떡)과 물을 주셔서 먹도록 하신 일을 떠올리며 감사 기도를 드리고 간식을 나누어 먹는다. 형편에 따라 완제품 빵을 나누어 주거나 식빵에 초코 펜으로 장식을 하는 '엘리야의 빵 만들기' 활동을 하고 간식으로 먹는다.

   tip 자신이 꾸민 빵을 소개하는 시간을 가져도 좋다.

❸ 간식을 먹은 후 마무리 정리를 잘하도록 지도한다.

마무리

준비물 ▶ 유치부 교재 41쪽 메시지 카드, 소그룹 활동지, 파일

❶ 이번 주 메시지 카드로 부모님과 함께 오늘 배운 성경 이야기를 나누어 보라고 한다.

가족과 활동해요

• 종이컵 두 개와 실로 '전화기'를 만들어 보세요. 컵의 바닥에 구멍을 뚫은 뒤, 실을 넣고 끝을 매듭지어 컵을 서로 연결합니다. 실이 팽팽해지도록 '전화기'를 들고 멀리 떨어져 속삭이며 이야기해 보세요.

❷ 소그룹 활동지를 떼어 파일에 끼우고 가방에 정리하게 한다.

❸ 아이들을 위해 기도한다.

> **인도자** 하나님, 예수님은 하나님의 아들이시라는 이유로 미움받고 죽임당하셨어요. 예수님 덕분에 우리는 아무것도 두려워할 필요가 없어졌어요. 정말 감사드려요. 우리가 두려워할 때 용기를 주시는 하나님, 감사해요. 예수님의 이름으로 기도합니다. 아멘.

❹ 아이를 데리러 온 부모에게 아이가 특별히 즐거워했거나 잘했던 활동들에 대해 이야기해 주고, 가정에서 성경 읽기와 가족 활동을 진행할 수 있도록 격려한다.

 **나만의 기록장**

예수님이 나와 함께하시는 모습 그리기

4

하나님이 이사야를 부르셨어요

[사 6장]

주제	이사야가 거룩하신 하나님을 보았어요.
예수님 생각하기	이사야는 자기가 죄인이라서 하나님과 함께 있을 수 없다는 사실을 깨달았어요. 거룩하신 하나님은 이사야의 죄를 용서해 주셨어요. 이사야처럼 우리도 죄 때문에 하나님께 가까이 갈 수 없어요. 하지만 하나님이 아들이신 예수님을 보내 우리 죄를 없애 주셨어요. 오직 하나님만 우리를 구원하실 수 있어요.
단원 암송	히 1:1~2상
성경의 초점	하나님 말고 다른 신이 있나요? 진짜 하나님은 오직 한 분뿐이세요.

남 유다왕 웃시야의 죽음으로 이스라엘 남쪽 왕국의 한 시대가 끝났습니다. 그의 통치 기간은 길었으며, 그가 다스리는 동안 남 유다는 번영했습니다. 웃시야는 16세에 왕이 되어 52년 동안 남 유다를 다스렸습니다.

웃시야는 스가랴 선지자의 가르침에 귀를 기울였습니다. 그는 하나님을 두려워했고, 하나님은 그를 축복하셨습니다. 하지만 웃시야는 교만에 빠지고 말았습니다(대하 26:16 참조). 하나님은 웃시야를 한센병에 걸리게 하셨고, 결국 그는 죽었습니다.

웃시야가 남 유다를 다스리는 동안, 하나님의 백성은 하나님의 약속을 버리고 그들을 둘러싼 세상의 약속을 의지했습니다. 하나님은 아브라함의 자손을 통해 온 세상에 복을 주겠다고 약속하셨지만, 하나님의 백성은 하나님께 반역했습니다. 그들은 하나님의 복이 아니라 하나님의 심판을 자초한 것입니다.

그럼에도 하나님의 계획과 약속은 무산되지 않았습니다. 하나님은 이사야 선지자를 보내 소망의 메시지를 선포하셨습니다. 하나님은 심판을 통해 자기 백성을 바로잡으실 것이지만, 그 목적은 그들에게 은혜를 베풀고 그로써 영광을 받으시는 것이었습니다. 하나님은 세상에 구원을 가져다줄 메시아를 보낼 계획을 갖고 계셨습니다.

이사야 6장은 성전에서 예배드리는 이사야의 모습으로 시작합니다. 하나님은 이사야에게 환상을 보여 주셨습니다. 이사야는 보좌에 앉아 계신 하나님을 보았습니다. 웃시야가 죽은 해에 하나님은 보좌에 앉아 우주를 다스리고 계셨습니다. 거룩하신 하나님의 위엄은 이사야로 하여금 그의 죄가 얼마나 크고 중한지를 깨닫게 했습니다. 그의 반응은 어떠했을까요? 이사야는 바로 이렇게 말했습니다. "화로다 나여 망하게 되었도다"(사 6:5).

●● 티칭 포인트

아이들이 이사야에게 베푸신 하나님의 은혜에 주목하게 도와주십시오. 그리고 그 은혜가 오늘날 우리에게 예수님을 통해서 전해졌음을 연결해 주십시오. 하나님은 이사야에게 은혜를 베푸셨습니다. 이사야의 죄를 없애 주셨습니다. 하나님이 이사야의 죄를 용서하신 것은 그의 죗값을 치르기 위해 예수님을 보내실 것이기 때문이었습니다.

예수님은 십자가의 죽음으로 우리 죄의 대가를 지불하셨습니다. 예수님을 믿는 사람들의 과거, 현재, 미래의 죄까지 말입니다. 우리가 예수님을 믿고 의지하면 하나님은 이사야에게 들려주셨던 것과 같은 말씀을 우리에게도 들려주십니다. "네 악이 제하여졌고 네 죄가 사하여졌느니"(사 6:7).

하나님이 이사야를 부르셨어요

사 6장

하나님은 하나님의 백성에게 하나님의 말씀을 전하게 하시려고 이사야를 부르셨어요. 어느 날 이사야는 성전에서 하나님께 예배를 드리다가 환상을 보았어요. '환상'이란 깨어 있는데도 꿈꾸는 것같이 무언가 보이는 거예요. 환상 중에 하나님이 높은 보좌에 앉아 계셨어요. 긴 옷을 입고 계셨는데, 그 옷자락이 얼마나 긴지 성전에 가득했어요! 그리고 날개가 달린 천사들이 하나님을 모시고 서 있었는데, 그들은 이렇게 외쳤어요. "거룩하시다! 거룩하시다! 거룩하시다! 여호와여, 여호와의 영광이 온 땅에 가득하도다!"

이사야는 자기가 하나님과 함께 있다는 사실을 깨달았어요. 깜짝 놀란 그는 "아! 내가 죽게 되었구나! 나는 입술이 더러운 죄인인데 왕이신 여호와를 눈으로 보았으니 이제 어떻게 한단 말인가!"라고 말했어요. 그때 날개 달린 천사들 중 하나가 ★부젓가락으로 제단에서 꺼낸 뜨거운 숯을 손에 가지고 와서는 이사야의 입술에 대며 말했어요. "보라. 이 숯이 네 입에 닿았으니 네 악은 사라지고, 네 죄는 용서받았다."

이사야는 하나님이 말씀하시는 소리를 들었어요. "내가 누구를 보낼까? 누가 우리를 위해 갈까?" 이사야는 "제가 여기 있습니다. 저를 보내십시오!"라고 말했어요. 하나님은 이사야에게 "가라"라고 말씀하셨어요. 그리고

하나님의 백성에게 이렇게 말하라고 하셨어요. "너희는 듣기는 들어도 깨닫지 못할 것이다. 보기는 보아도 알지 못할 것이다." 이 말은 그들이 죄에서 돌아서서 구원받지 못할 것이라는 뜻이에요.

이사야가 "하나님, 언제까지입니까?"라고 묻자 하나님은 이렇게 말씀하셨어요. "도시들이 황폐해 아무도 살지 않을 때까지다. 집에 사람이 없고 땅이 메말라 황무지가 될 때까지다. 내가 이 백성을 멀리 쫓아 버릴 것이다."

하지만 하나님은 백성 중 일부를 남겨 둘 것이라고 말씀하셨어요. 아브라함의 자손들 중에서 남아 있는 사람들이라고는 그들뿐일 거예요. 오래전 하나님은 아브라함의 자손을 통해 온 세상에 복을 주겠다고 약속하셨어요. 하나님은 그 약속을 지키실 거예요. 하나님은 언제나 약속을 지키시는 분이에요.

● ● 예수님 생각하기

이사야는 자기가 죄인이라서 하나님과 함께 있을 수 없다는 사실을 깨달았어요. 거룩하신 하나님은 이사야의 죄를 용서해 주셨어요. 이사야처럼 우리도 죄 때문에 하나님께 가까이 갈 수 없어요. 하지만 하나님이 아들이신 예수님을 보내 우리 죄를 없애 주셨어요. 오직 하나님만 우리를 구원하실 수 있어요.

★부젓가락 : 쇠로 만든 젓가락

가스펠 준비

환영해요

"나의 주 하나님"(지도자용 팩)을 배경음악으로 튼다. 아이들을 반갑게 맞이하며 헌금과 기도를 도와준다. 예배 중 헌금 순서가 있다면 아이들이 헌금을 잘 간수하도록 돕는다. 가방과 외투를 정리하도록 안내한다. 새로 온 아이가 있다면 음수대와 화장실의 위치를 알려 주고, 보호자와 만나는 시간과 방법 등을 소개한다. 보호자들을 위한 안내문을 붙여 아이와 만나는 시간, 기다리는 장소, 헌금 방법, 아이에 대한 특별한 주의 사항을 교사에게 미리 알려 주기 등을 공지한다.

마음 열기

주제와 관련 있는 퍼즐이나 블록 등 아이들이 좋아하는 장난감을 몇 가지 비치해 두고 다양한 활동을 하며 예배를 준비하도록 돕는다. 아이들이 마음을 열고 오늘의 주제에 관심을 갖게 하며 예배에 집중할 수 있도록 도와준다. 교회 형편에 맞게 시간과 활동 방법을 조절한다.

왕좌를 빼앗아요 ＊

> **준비물 ▶** 의자, 찬양

❶ 아이들 수와 같은 수의 의자를 앉는 곳이 바깥쪽을 향하도록 둥글게 배치한다. 한 의자만 색이나 모양이 다른 것으로 준비한다. 그 특별한 의자를 '왕좌'라고 부른다고 말해 준다.

❷ 아이들에게 찬양을 부르며 의자 주위를 돌다가 찬양이 멈추면 모두 재빨리 의자에 앉아야 한다고 알려 준다.

❸ '왕좌'에 앉은 아이가 "하나님 말고 다른 신이 있나요?"라는 '성경의 초점' 질문을 하면, 나머지 아이들이 "진짜 하나님은 오직 한 분뿐이세요"라고 대답할 수 있도록 지도한다.

> **tip** 활동을 하며 아이들이 다치지 않도록 약속을 정해 둔다. 예를 들어, '뛰지 않고 걸어서 돌기', '앞 친구와 거리를 적당히 유지하기' 등이다.

> **인도자** 오늘의 성경 이야기에서 하나님은 이사야 선지자에게 환상을 보여 주셨어요. 이사야는 누가 보좌에 앉아 있는 모습을 보았지요. 과연 이사야가 본 분이 누구였는지 함께 알아보도록 해요.

'거룩'을 놀이로 익혀요 ＊

> **준비물 ▶** '거룩'이라는 글자가 적힌 조끼(흰색 가운), 발(또는 가리개), 하트 모양의 포스트잇

❶ 아이들을 출발선 앞에 한 줄로 세우고, 반대편에 발 또는 가리개를 세워 '문'을 만든다.

❷ 출발선과 '문'의 중간에 '거룩'이라는 글자가 새겨진 조끼(흰색 가운)를 놓아둔다.

❸ 출발 신호에 맞추어 한 명씩 출발하여 '거룩' 조끼를 입고 '문'을 통과하여 예수님이 가슴에 붙여 주는 '하트'를 달고 돌아온다.

> **인도자** 오늘의 성경 이야기에는 거룩하신 하나님을 만난 사람이 나와요. 하나님은 거룩하셔서 죄가 있으면 하나님을 만날 수 없어요. '거룩하다'라는 말은 죄와 완전히 구별된다는 뜻이에요. 하나님은 이 세상의 어떤 것과도 다른 분이세요. 하나님 같은 분은 오직 한 분뿐이시지요. 하나님은 우리가 보거나 이해할 수 있는 것보다 훨씬 더 좋고 큰 분이세요. 하나님이 이사야에게 나타나셔서 어떤 말씀을 하셨을까요? 이제 함께 알아보아요.

예배 대형으로 모이기

- 카운트다운 영상, 모이기 노래 등을 활용해 예배 대형으로 바꾸고 마음을 준비하게 한다.
- 공간을 이동해야 한다면 놀란 표정을 지어 보이며 가도록 한다.

가스펠 설교

하나 — 들어가기

아이들에게 해돋이나 곰, 산, 돌고래, 번개 등을 본 적이 있는지 물어본다.

그렇다면 여러분, 하나님을 본 적이 있나요? 우리는 하나님이 만드신 작품들은 볼 수 있지만 아무도 하나님의 얼굴을 직접 보지는 못해요. 그런데 오늘의 성경 이야기에 나오는 이사야 선지자는 환상 속에서 하나님을 보았대요. '환상'이란 깨어 있는데도 꿈꾸는 것 같이 무언가 보이는 거예요. 이사야의 반응이 어떠했는지 함께 이야기를 들어 보아요.

둘 — 성경 이야기

이사야 6장을 편다. 설교 영상(지도자용 팩)을 보여 주거나 이야기 성경을 들려준다.

성경은 하나님이 어떤 분이신지, 어떤 일을 하셨는지를 말해 주어요. 성경은 우리에게 주시는 하나님의 진리의 말씀이기 때문에 믿을 수 있어요. 오늘의 성경 이야기는 '이사야서'에 나온답니다.

셋 — 메시지와 정리

이사야는 거룩하신 하나님을 보고 나서 자기가 죄인이라서 하나님과 함께 있을 수 없다는 사실을 깨달았어요. 거룩하신 하나님은 이사야의 죄를 용서해 주셨어요. 이사야처럼 우리도 죄 때문에 하나님께 가까이 갈 수 없어요. 하지만 하나님이 아들이신 예수님을 보내 우리 죄를 없애 주셨어요. 오직 하나님만 우리를 구원하실 수 있어요.

연대표(지도자용 팩)를 가리키면서 복습 질문을 한다.

1. 이사야는 왜 자신이 하나님을 보고 있다는 사실을 깨달았을 때 "아! 내가 죽게 되었구나!"라고 말했나요? 자신이 죄인이기 때문에

2. 날개 달린 천사가 이사야의 입술에 무엇을 갖다 대었나요? 제단에서 꺼낸 뜨거운 숯

3. 하나님이 "누가 우리를 위해 갈까?"라고 물으셨을 때 이사야는 어떻게 대답했나요? "제가 여기 있습니다. 저를 보내십시오!"

4. 하나님은 하나님의 백성을 멀리 쫓아 버리고 다시는 돌아오지 못하게 할 것이라고 말씀하셨나요? 아니다, 언젠가 다시 고향으로 돌아오게 할 것이라고 말씀하셨다

넷 — 성경의 초점

몇 주 동안 배웠던 '성경의 초점' 질문과 답이 무엇인지 기억하나요? **"하나님 말고 다른 신이 있나요?"**, **"진짜 하나님은 오직 한 분뿐이세요"**예요. 오직 한 분, 진짜 하나님은 죄와 가까이 할 수 없는 거룩한 분이세요. 우리와는 다른, 완전히 구별된 분이시지요. 하나님 같은 분은 아무도 없어요.

다섯 — 복음 초청

성경과 90쪽 복음 초청 가이드를 이용해서 아이들에게 그리스도인이 되는 법을 설명해 준다. 따로 상담해 줄 사람을 정해 주고 궁금한 점이 있으면 물어보도록 격려한다.

이 시간 예수님을 마음에 모시고 싶은 친구는 함께 기도해요.

여섯 — 기도

하나님, 이사야를 통해 말씀하신 것처럼 우리를 구하기 위해 예수님을 보내 주신 사랑에 감사드려요. 예수님은 우리에게 정말 귀한 분이세요. 우리가 예수님을 믿으면 우리 죄를 씻어 주시고 구원해 주신다는 것을 진심으로 믿어요! 우리에게 오신 예수님을 찬양해요! 예수님의 이름으로 기도합니다. 아멘.

일곱 — 암송송

성경에서 히브리서 1장 1~2 상반절을 펴고 큰 소리로 여러 번 따라 읽게 한다.

하나님은 이사야 선지자를 통해 하나님의 백성에게 말씀을 전하셨어요. 그 말씀의 내용은 슬펐어요. 하나님은 하나님의 백성을 멀리 쫓아 버리실 거예요. 하지만 언젠가 다시 고향으로 돌아오게 하실 것이랍니다. 하나님은 선지자보다 훨씬 좋은 분을 보내 가장 위대한 말씀을 전하게 하셨어요. 그분은 바로 하나님의 아들 예수님이시지요! 하나님은 예수님을 보내 우리의 죄를 없애 주시고, 우리가 거룩하신 하나님과 영원히 함께 살 수 있도록 하셨어요.

암송송(159쪽)에 맞추어 손유희를 하며 말씀을 익힌다.

"옛적에 선지자들을 통하여 여러 부분과 여러 모양으로 우리 조상들에게 말씀하신 하나님이 이 모든 날 마지막에는 아들을 통하여 우리에게 말씀하셨으니"(히 1:1~2상).

가스펠 소그룹

알콩달콩 말씀 놀이

꼬불꼬불 지그재그!

❶ 그림을 보고 이사야가 하나님의 말씀을 전하도록 부르심 받았다는 내용을 떠올려 보게 하고, 이야기를 나눈다.

❷ 여러 가지 선을 이용해 이야기 순서대로 연결해 보게 한다.

❸ 상황에 따라 이스라엘 백성의 기분이 어떠했을지 생각해 보고 얼굴 표정을 그리게 한다. 완성 후 다 같이 큰 소리로 순서대로 읽어 본다.

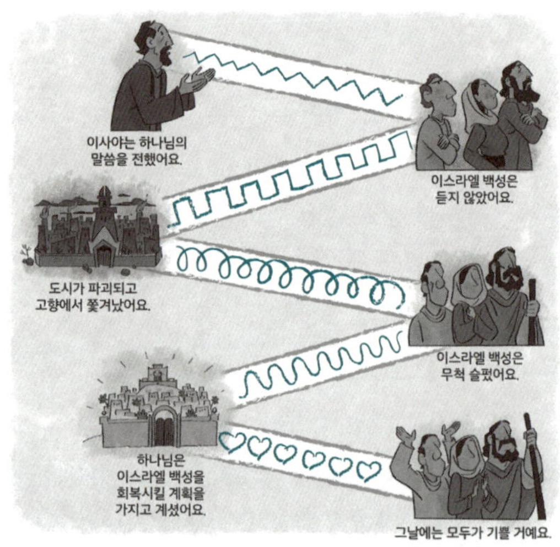

> **인도자** 하나님은 이사야를 부르셔서 하나님의 백성에게 하나님의 말씀을 전하라고 하셨어요. 사람들이 이사야의 말을 듣지 않을 것이라고도 하셨지요. 하나님은 하나님의 백성을 고향에서 멀리 떠나보내실 거예

이야기 나누기
- 하나님 앞에 선 이사야는 왜 두려워했나요?
- 이사야를 부르시는 하나님 앞에서 이사야는 무엇이라고 대답했나요?

요. 하지만 언젠가 그들을 다시 데려오실 거예요. 그리고 아브라함의 자손을 통해 온 세상에 복을 주겠다는 약속을 지키실 거예요. 우리는 하나님의 아들이신 예수님을 통해 복을 받아요.

흩어져서 복음을 전해요 ✳

❶ 아이들에게 예배실 곳곳에 뿔뿔이 흩어져 있으라고 한다.

❷ 인도자가 아이들의 이름이 적힌 제비 중에 한 장을 뽑아 이름을 부른다. 해당되는 아이는 "제가 여기 있습니다!"라고 대답한 다음, 친구 한 명을 찾아가 "하나님이 너를 사랑하셔!"라고 말하면 된다고 알려 준다.

❸ 모든 아이의 이름이 불리고, 모든 아이가 "하나님이 너를 사랑하셔!"라는 말을 들을 때까지 활동을 반복한다.

> **인도자** 제가 여러분을 불렀을 때 여러분은 친구에게 하나님의 말씀을 전했어요. **이사야가 거룩하신 하나님을 보았을 때** 하나님은 이사야를 선지자로 부르셨어요. 이사야는 하나님의 백성에게 하나님의 말씀을 전했어요. 하나님은 하나님의 백성을 멀리 쫓아 버리실 것이지만 언젠가 다시 고향으로 돌아오게 하실 거예요. 그리고 아브라함의 자손을 통해 온 세상에 복을 주겠다는 약속을 지키실 거예요.

만화경으로 보아요 ✽ 준비물 ▶ 만화경, 비즈

❶ 만화경을 준비해 비즈를 담아 관찰해 보게 한다.

> **인도자** 만화경 안에 무엇이 보였나요? 환상적이었지요? 오늘의 성경 이야기에서 이사야는 놀라운 장면을 보았어요. 우리가 만화경으로 본 것과는 비교도 안 될 만큼 멋진 광경을요! 하나님은 이사야를 불러 하나님의 말씀을 전하는 일을 맡기셨어요.

집게로 숯을 옮겨요 ✽ 준비물 ▶ 작은 크기의 숯, 플라스틱 집게, 작은 그릇

❶ 숯을 소개한 뒤 만져 보고 냄새를 맡아 보는 등 자유롭게 탐색해 보게 한다.

❷ 숯이 어디에 사용되는지, 사람들에게 어떤 유익을 주는지 이야기해 준다.
예) 정수, 악취 및 습기 제거, 실내 공기 청정 등.

❸ 아이들에게 플라스틱 집게를 하나씩 나누어 준 뒤 집게로 숯을 집어 작은 그릇에 옮겨 담으라고 한다.
> tip 도화지에 화로를 그려 놓고 그 위에 숯을 올려 두면 조금 더 재미있게 활동할 수 있다.

❹ 숯의 개수를 소리 내어 세어 보라고 한다.
> tip 연령에 따라 누가 빨리 옮기나 시합을 진행해도 좋다.

> **인도자** **이사야는 거룩하신 하나님을 보고** 자기가 죄인이라서 하나님과 함께 있을 수 없다는 것을 알았어요. 날개 달린 천사가 부젓가락으로 제단에서 꺼낸 뜨거운 숯을 손에 가지고 와서는 이사야의 입술에 대었어요. 하나님은 이사야의 죄를 용서해 주셨어요. 이사야처럼 우리도 죄 때문에 하나님께 가까이 갈 수 없어요. 하지만 하나님은 예수님을 보내 우리 죄를 없애 주셨어요. 오직 하나님만 우리를 구원하실 수 있어요.

하나님의 거룩하심을 노래해요 ✽ 준비물 ▶ 찬송가, 찬양 악보

❶ 찬송가나 찬양 악보를 아이들과 함께 펼쳐서 본다.

❷ 종이에 '거룩'이라고 쓴 뒤 아이들에게 보여 주면서 '거룩'이라는 단어가 들어 있는 찬양을 찾아보라고 한다.
> tip 연령대가 어릴 경우 찬양을 틀어 두고 '거룩'이라는 가사가 나올 때마다 손을 들어 표시하도록 해도 좋다.

> **인도자** 우리가 부르는 찬양 중에는 '거룩'이라는 단어가 많이 나와요. 하나님은 이 세상 누구와도, 무엇과도 다르시고, 죄와 완전히 구별되시는 분이라는 뜻이에요. **이사야는 거룩하신 하나님을 보고** 자기의 죄가 얼마나 더러운지를 알게 되었어요. 하나님은 이사야의 죄를 용서해 주셨어요. 우리가 죄에서 돌아서서 예수님을 믿고 의지하면 하나님은 우리의 죄도 용서하세요.

간식

준비물 ▶ 그릇, 젓가락, 작은 공 모양의 과자

❶ 카운트다운 영상, 정리하기 노래 등을 활용해 활동이 끝났음을 알린다. 아이들에게 주변을 정리하게 하고, 화장실에 가거나 물티슈 등을 이용해 손을 씻을 시간을 준다.

❷ 감사 기도를 드리고 작은 공 모양의 과자를 그릇에 담아 간식으로 나누어 준다. 아이들에게 젓가락을 주고 공 모양의 과자를 집어서 먹어 보라고 한다. 오늘의 성경 이야기에서 날개 달린 천사가 부젓가락으로 제단에서 꺼낸 숯을 손에 가지고 와서 이사야의 입술에 대었던 이야기를 떠올려 준다. 거룩하신 하나님은 우리가 죄에서 돌아서서 예수님을 믿고 의지하면 우리의 죄도 용서하신다고 다시 한 번 이야기해 준다.

❸ 간식을 먹은 후 마무리 정리를 잘하도록 지도한다.

마무리

준비물 ▶ 유치부 교재 43쪽 메시지 카드, 소그룹 활동지, 파일

❶ 이번 주 메시지 카드로 부모님과 함께 오늘 배운 성경 이야기를 나누어 보라고 한다.

가족과 활동해요

• 늘 만나는 사람들 중에 예수님을 모를 것 같은 사람이 있나요? 그에게 복음을 전할 수 있는 기회를 달라고 하나님께 기도하세요.

• 아이들과 함께 어떻게 하면 복음을 전할 수 있을지 고민하는 시간을 가져 보세요. 가족 단위로 참여할 수 있는 봉사활동 기회가 있는지 교역자들에게 물어보세요.

❷ 소그룹 활동지를 떼어 파일에 끼우고 가방에 정리하게 한다.

❸ 아이들을 위해 기도한다.

> **인도자** 하나님, 하나님은 거룩한 분이세요. 우리는 벌을 받아야 되는 죄인들인데도, 하나님은 우리가 예수님을 믿고 의지할 때 우리의 죄를 용서해 주세요. 다른 사람들에게도 하나님이 얼마나 좋은 분이신지 전할 수 있도록 도와주세요. 예수님의 이름으로 기도합니다. 아멘.

❹ 아이를 데리러 온 부모에게 아이가 특별히 즐거워했거나 잘했던 활동들에 대해 이야기해 주고, 가정에서 성경 읽기와 가족 활동을 진행할 수 있도록 격려한다.

나만의 기록장

상상할 수 있는 아름다운 광경 그리기

5

이사야가 메시아에 대해 외쳤어요

[사 53장]

주제
하나님은 메시아가 고통받을 것이라고 말씀하셨어요.

예수님 생각하기
예수님이 우리의 죄 때문에 십자가에서 죽으신 것은 모두 하나님의 계획대로 이루어진 일이었어요. 이사야 선지자는 예수님이 태어나시기 약 700년 전에 이 일이 일어날 것을 미리 알고 글로 썼어요! 예수님은 자신을 믿는 사람들이 용서받게 하시려고 고난받은 종이세요.

단원 암송
히 1:1~2상

성경의 초점
하나님 말고 다른 신이 있나요?
진짜 하나님은 오직 한 분뿐이세요.

이사야서에는 하나님의 구속 계획을 기술한 '하나님의 종이 부르는 노래'가 네 편 실려 있습니다(사 42:1~4, 49:1~6, 50:4~9, 52:12~53:13 참고). 이를 통해 우리는 약속의 메시아의 모습을 보게 됩니다. 죄가 없으신 그분은 죄인들을 위해 고난을 받으실 대속물입니다. 하나님은 예수님을 통해 죄인들이 다시 하나님께 돌아오게 하십니다.

마지막 종의 노래는 이사야 53장에 나옵니다. 여기서 이사야는 다음의 질문에 대한 답을 줍니다. "공의의 하나님이 어떻게 경건하지 못한 자를 의롭다고 하시는가? 하나님이 어떻게 죄 있는 자를 죄 없다고 하시는가? 하나님이 어떻게 우리 같은 사람을 사랑하시는가?" 공의의 하나님은 죄를 모른 척하실 수 없습니다. 하나님은 그저 "걱정하지 마"라거나 "별거 아니야"라고 말씀하시지 않습니다. 하나님께 죄를 짓는 것은 큰일입니다. 하나님은 우리 죄를 그냥 용서하시지 않았습니다. 아주 값비싼 대가를 톡톡히 치르셨습니다. 그 대가는 하나님의 아들이었습니다.

예수님은 이사야가 말한 고난받는 종의 예언을 성취하셨습니다. 사람들은 고난받는 종이 하나님의 저주를 받은 것이며, 자신의 죄 때문에 고난받는다고 여겼습니다. 하지만 예수님은 죄가 없으셨습니다. 그렇다면 예수님은 왜 고난받으셨을까요?

이사야는 예수님이 찔리신 것은 우리의 허물 때문이고, 그분이 상하신 것은 우리의 죄악 때문이라고 했습니다. 예수님이 징계를 받으셨기 때문에 우리가 평화를 누리는 것입니다. 우리가 예수님을 믿고 의지할 때 우리 죄는 사라집니다. 예수님의 피로 죗값을 지불했기 때문입니다. 그리고 예수님의 의가 우리의 것이 됩니다.

예수님이 십자가에서 모든 일을 마치셨을 때 하나님은 그분께 상을 주셨습니다. "이러므로 하나님이 그를 지극히 높여 모든 이름 위에 뛰어난 이름을 주사 하늘에 있는 자들과 땅에 있는 자들과 땅 아래에 있는 자들로 모든 무릎을 예수의 이름에 꿇게 하시고 모든 입으로 예수 그리스도를 주라 시인하여 하나님 아버지께 영광을 돌리게 하셨느니라"(빌 2:9~11).

●● 티칭 포인트

하나님은 이사야를 통해 메시아에 대해 예언하셨고, 예수님을 통해 예언을 성취하셨다는 것을 알려 주십시오. 예수님이 찔리신 것은 우리의 허물 때문이고, 그분이 상하신 것은 우리의 죄악 때문입니다. 우리가 예수님을 믿고 의지할 때 우리 죄는 사라집니다. 예수님은 고난받는 종의 모습으로 우리를 섬기러 이 땅에 오셔서 우리의 죗값을 치르셨습니다.

이사야가 메시아에 대해 외쳤어요

사 53장

하나님이 아브라함에게 약속하신 후 오랜 세월이 지났어요. 어떤 사람들은 더 이상 하나님의 약속을 믿지 않았지요. 그래서 이사야 선지자가 백성에게 하나님의 계획을 이야기해 주었어요. 그것은 이스라엘의 구원자가 될 메시아가 올 것이라는 소식이었어요. 이사야는 메시아가 고난받는 하나님의 종이며, 사람들을 죄에서 구하기 위한 희생 제물이 될 것이라고 말했어요. 이사야는 앞으로 일어날 일인데, 마치 이미 일어난 일처럼 이야기했어요.

그런데 하나님의 계획은 사람들의 기대와는 완전히 달랐어요. 이사야는 메시아가 하나님 앞에서 자라났다고 말했어요. 메시아는 전혀 특별하지 않았어요. 그런 그를 아무도 눈여겨보지 않았지요. 심지어 사람들은 그를 싫어하기까지 했어요. 메시아를 무시하고 가까이 가려 하지 않았어요. 메시아는 고통을 겪었어요. 그는 병들고 아픈 것이 무엇인지 알았어요. 이사야는 이렇게 말했어요. "우리는 하나님의 종 메시아를 보고 고개를 돌렸습니다. 그를 업신여겼으며, 그에게 관심을 가지지 않았습니다."

그러나 메시아는 하나님이 자신에게 맡기신 일을 그만두지 않았어요. 이사야는 계속해서 이렇게 말했어요. "메시아는 우리의 질병과 아픔을 대신 짊어졌습니다. 그런데도 우리는 그가 죄를 지었기 때문에 하나님께 벌을 받는 것이라고 생각했습니다. 하지만 아닙니다.

그는 우리의 죄 때문에 벌을 받은 것이었습니다! 그가 고통받은 것은 우리의 잘못 때문이었습니다. 그는 우리의 벌을 대신 받음으로 우리를 고쳐 주었습니다. 우리는 모두 양처럼 길을 잃고 각각 자기 길로 흩어져 버렸습니다. 그러나 하나님은 우리 모두의 죄악을 그에게 덮어씌워 그를 벌하셨습니다!"

이사야는 메시아가 매를 맞고 '죄인'이라고 불렸지만 입을 열지도 않고 아무 말도 하지 않았다고 했어요. 불공평한 재판을 받은 뒤 끌려가 죽임을 당했다고도 말했지요. 사람들은 메시아가 그런 대접을 받는 것이 당연하다고 생각했어요. 메시아의 죽음이 자기들을 위한 것이며, 자기들을 구하기 위한 것이라는 사실은 전혀 알지 못했지요. 메시아가 받은 벌은 원래 사람들이 받아야 하는 것이었어요. 그는 잘못을 저지른 적이 없었어요. 누구를 해치거나 거짓말을 한 적도 없었어요. 그런데도 범죄자처럼 벌을 받은 거예요.

이사야는 또 이렇게 말했어요. "하지만 이 모든 것은 하나님의 뜻이었습니다! 메시아는 자기의 생명을 죄를 없애 주는 제물로 드렸습니다. 그래서 수많은 사람에게 자기의 생명을 나누어 주었습니다. 그가 사람들의 죄를 대신 짊어졌기 때문에 사람들이 의로워질 수 있었습니다."

그리고 하나님은 메시아가 하나님의 뜻을 잘 이루었다는 것을 보여 주셨어요. 메시아의 죽음은 끝이 아니었어요. 하나님이 그를 다시 살리셨거든요! 이사야는 메시아가 자신이 고난받은 결과로 일어난 모든 좋은 일을 보고는 고난받았던 일을 기뻐할 것이라고 말했어요. "하나님이 메시아를 위대한 자로 높여 주실 것입니다. 그가 자기 생명을 내어 놓았기 때문이며, 죄인 취급을 받았기 때문입니다. 다시 말하면 메시아가 죄인들을 대신해 벌을 받았고, 하나님을 떠난 사람들을 용서해 달라고 기도했기 때문입니다."

●● 예수님 생각하기

예수님이 우리의 죄 때문에 십자가에서 죽으신 것은 모두 하나님의 계획대로 이루어진 일이었어요. 이사야 선지자는 예수님이 태어나시기 약 700년 전에 이 일이 일어날 것을 미리 알고 글로 썼어요! 예수님은 자신을 믿는 사람들이 용서받게 하시려고 고난받은 종이세요.

가스펠 준비

싱글벙글 😊 환영해요

"나의 주 하나님"(지도자용 팩)을 배경음악으로 튼다. 아이들을 반갑게 맞이하며 헌금과 기도를 도와준다. 예배 중 헌금 순서가 있다면 아이들이 헌금을 잘 간수하도록 돕는다. 가방과 외투를 정리하도록 안내한다. 새로 온 아이가 있다면 음수대와 화장실의 위치를 알려 주고, 보호자와 만나는 시간과 방법 등을 소개한다. 보호자들을 위한 안내문을 붙여 아이와 만나는 시간, 기다리는 장소, 헌금 방법, 아이에 대한 특별한 주의 사항을 교사에게 미리 알려 주기 등을 공지한다.

너랑 나랑 😊 마음 열기

주제와 관련 있는 퍼즐이나 블록 등 아이들이 좋아하는 장난감을 몇 가지 비치해 두고 다양한 활동을 하며 예배를 준비하도록 돕는다. 아이들이 마음을 열고 오늘의 주제에 관심을 갖게 하며 예배에 집중할 수 있도록 도와준다. 교회 형편에 맞게 시간과 활동 방법을 조절한다.

친구를 그려요 ✱   준비물 ▶ 흰색 도화지, 색연필

❶ 아이들을 두 명씩 짝을 지어 책상을 사이에 두고 마주 보고 앉힌다.

❷ 흰색 도화지에 색연필을 이용해 친구의 얼굴을 서로 그려 주도록 한다. 눈, 코, 입, 머리 모양 등 친구의 특징이 두드러지도록 그려 보라고 이야기한다.

❸ 완성된 그림은 친구에게 선물하고, 선물받은 자신의 그림은 잘 간직해서 집에 가져갈 수 있도록 지도한다.

> **인도자** 친구의 얼굴을 예쁘게, 멋있게 잘 그렸군요! 오늘은 아주 평범해 보이는 어떤 사람에 대한 이야기를 할 거예요. 사람들은 이 사람에게 관심을 기울이지도 않았고, 친구가 되고 싶어 하지도 않았어요. 하지만 이 사람은 전혀 평범하지 않은 사람이었어요. 온 세상을 영원히 바꾸어 놓는 대단한 일을 할 사람이었지요. 오늘의 성경 이야기를 들으면서 과연 누구인지 알아보기로 해요.

동시를 읽어요 ✱   준비물 ▶ 동시집, 동요집

❶ 아이들에게 동시집이나 동요집을 보여 주며 탐색해 볼 수 있도록 지도한다.

❷ 마음에 드는 시나 동요 중 한 가지를 다 함께 고른다. 인도자가 시나 동요 가사를 분위기 있게 읽어 준다.

❸ 시나 동요에는 서로 운율이 맞는 말들이 나온다고 설명해 준다.

> **인도자** 성경에도 시가 있다는 사실을 알고 있나요? 오늘의 성경 이야기는 이사야 선지자가 쓴 시예요. 이사야의 시는 재밌거나 웃기지 않아요. 지어낸 말이 아니고 앞으로 일어날 아주 심각한 일을 다루고 있지요. 하나님은 이사야에게 시에 쓸 말을 알려 주셨어요. 이 시에는 앞으로 일어날 일 중에서 가장 중요한 일이 담겨 있어요. 오늘의 성경 이야기를 들으면서 과연 그 일이 무엇인지 알아보기로 해요.

예배 대형으로 모이기

- 카운트다운 영상, 모이기 노래 등을 활용해 예배 대형으로 바꾸고 마음을 준비하게 한다.
- 공간을 이동해야 한다면 공손한 모습으로 인사하며 가도록 한다.

가스펠 설교

하나 — 들어가기

아이들에게 신문을 보여 준다.

신문은 예전에 일어난 일, 지금 일어나고 있는 일, 또는 앞으로 일어날 일에 대해 이야기해요. 오늘의 성경 이야기에서 이사야는 미래에 일어날 일을 사람들에게 말해 주었어요. 이사야가 한 이야기는 이 세상 모든 사건 중에 가장 중요한 일이에요. 우리는 신문이 아니라 성경으로 이 사건에 대해 읽어 보아요.

둘 — 성경 이야기

이사야 53장을 편다. 설교 영상(지도자용 팩)을 보여 주거나 이야기 성경을 들려준다.

성경은 세상에서 가장 중요한 책이에요. 하나님의 말씀이 들어 있기 때문이에요. 성경 속의 이야기는 모두 실제로 일어났던 일이에요. 오늘의 성경 이야기는 '이사야서'에 나온답니다.

셋 — 메시지와 정리

하나님은 사람들을 죄에서 구하기 위해 누군가를 보낼 계획을 세우셨어요. 바로 메시아였지요. 예수님이 하나님이 보내신 메시아이시랍니다. **하나님은 메시아가 고통받을 것이라고 말씀하셨어요.** 하나님은 우리의 죄 때문에 우리에게 벌을 주셔야 되는데 예수님께 벌을 주셨어요. 예수님은 사람들을 죄에서 구하셨어요.

연대표(지도자용 팩)를 가리키면서 복습 질문을 한다.

1. 이사야는 하나님이 누구를 보내실 것이라고 말했나요? 메시아
2. 메시아는 어떻게 생겼나요? 평범하게 생겼다
3. 사람들은 메시아의 친구가 되고 싶어 했나요? 아니다
4. 메시아는 자기 잘못 때문에 벌을 받았나요? 아니다, 우리의 잘못 때문에 벌을 받았다
5. 하나님의 종은 계속 죽어 있었나요? 아니다, 하나님이 다시 살리셨다

넷 — 성경의 초점

하나님 말고 다른 신이 있나요? 진짜 하나님은 오직 한 분뿐이세요. 오직 한 분, 진짜 하나님만이 사람들이 저지른 나쁜 짓을 자기 종에게 대신 짊어지게 해서 사람들의 죄를 없앨 계획을 세우실 수 있어요. 선지자 이사야는 메시아가 고난받는 종으로 오실 것이라고 예언했어요. 이제 오직 한 분, 진짜 하나님은 우리와 같은 죄인들에게 "너는 선하다!"라고 말씀하실 수 있게 되었어요.

다섯 — 복음 초청

성경과 90쪽 복음 초청 가이드를 이용해서 아이들에게 그리스도인이 되는 법을 설명해 준다. 따로 상담해 줄 사람을 정해 주고 궁금한 점이 있으면 물어보도록 격려한다.

이 시간 예수님을 마음에 모시고 싶은 친구는 함께 기도해요.

여섯 — 기도

하나님, 예수님이 고통을 받으신 것은 예수님의 잘못 때문이 아니라 우리의 죄 때문이었던 것을 알아요. 우리를 내버려 두지 않으시고 구원해 주시기 위해 예수님을 보내 주셔서 감사해요. 우리도 예수님의 사랑을 전하며 살 수 있도록 도와주세요. 예수님의 이름으로 기도합니다. 아멘.

일곱 — 암송송

성경에서 히브리서 1장 1~2 상반절을 펴고 큰 소리로 여러 번 따라 읽게 한다.

하나님의 말씀은 우리에게 하나님이 온 땅을 다스리시는 왕이라고 말해요. 하나님이 이스라엘에 왕을 주셨지만, 이스라엘 백성과 그들의 왕을 다스리시는 분은 여전히 하나님이셨어요. 하나님은 세상을 창조하셨고, 모든 것을 다스리세요. 왕이나 지도자들이 가지는 힘은 모두 하나님이 주신 것이랍니다.

암송송(159쪽)에 맞추어 손유희를 하며 말씀을 익힌다.

"옛적에 선지자들을 통하여 여러 부분과 여러 모양으로 우리 조상들에게 말씀하신 하나님이 이 모든 날 마지막에는 아들을 통하여 우리에게 말씀하셨으니"(히 1:1~2상).

알콩달콩 말씀 놀이

누구일까요?

이야기 나누기
- 이사야는 우리를 위해 누가 올 것이라고 예언했나요?
- 이사야가 외쳤을 때 이스라엘 백성은 어떻게 생각했나요?

❶ 그림에서 여러 가지 색깔의 점을 각각 같은 색끼리 선으로 이어서 그림을 완성하고 누구인지 알아맞혀 보게 한다.

❷ 이사야가 누가 올 것이라고 예언했는지 물어본다.

> **인도자** 어떤 그림이 되었나요? 예수님이시지요! **하나님은 메시아가 고통받을 것이라고 말씀하셨어요.** 예수님이 태어나시기 훨씬 오래전에 이사야는 이 글을 썼어요. 예수님이 우리의 죄 때문에 십자가에서 죽으신 것은 모두 하나님의 계획대로 이루어진 일이었어요. 예수님은 사람들을 죄에서 구하기 위해 죽으신 하나님의 종이세요.

이름표를 바꾸어요 ✱

> **tip** '쥐와 고양이' 게임과 비슷한 활동이다. 활동 전에 아이들과 '죄'와 '선함'의 의미에 대해 이야기를 나누어 본다.

❶ 두 종류의 이름표를 아이들 수만큼 준비하고, 이름표 한 개에는 '죄', 나머지 한 개에는 '선함'이라고 적어 둔다.

❷ 예수님 역할을 할 아이를 한 명 뽑고, '선함' 이름표를 모두 '예수님'에게 달아 준다.

❸ 인도자가 나머지 아이들에게 '죄' 이름표를 달아 주면서 "모든 사람은 죄인이에요"라고 말해 준다.

> **tip** 아이들이 이름표를 쉽게 떼고 붙일 수 있도록 스티커로 대신해도 좋다.

❹ 인도자와 여러 명의 교사들이 바깥쪽을 바라보며 둥글게 서서 서로 손을 잡고 선다. 이때 '예수님'은 원의 안쪽에, 나머지 아이들은 원의 바깥쪽에 세운다.

❺ 아이들이 원 안으로 들어가면 '예수님'이 '죄' 이름표를 떼고 '선함' 이름표로 바꿔 달아 준다. 이때 원을 만들고 있는 인도자와 교사들은 아이들이 쉽게 원 안으로 들어갈 수 없게 방해해야 한다. 하지만 결국 모든 아이가 끈기 있게 통과할 수 있도록 적절히 힘 조절을 하도록 한다.

❻ 모든 아이가 이름표를 '선함'으로 바꿔 달고 '예수님'에게는 '죄' 이름표만 남을 때까지 게임을 계속한다.

> **인도자** **하나님은 메시아가 고통받을 것이라고 말씀하셨어요.** 예수님은 완전히 선한 분이셨어요. 죄를 하나도 짓지 않으셨지요. 예수님은 죽으실 때 사람들의 죄를 다 가져가셨어요. 그래야 하나님이 사람들을 보고 "죄가 없다!"라고 말씀하실 수 있으니까요. 예수님은 사람들을 죄에서 구하려고 죽으시고 다시 살아나신 하나님의 종이세요.

예수님 퍼즐을 맞추어요 ✷

준비물 ▶ 예수님 그림 퍼즐

❶ 아이들과 함께 예수님 그림 퍼즐을 맞춰 본다.

> tip 예수님 그림 퍼즐을 구하기 어렵다면 색도화지에 십자가를 그리고 6~8조각으로 잘라 퍼즐을 만들어서 활동해도 좋다. 연령대에 따라 퍼즐의 개수를 조절한다.

> **인도자** 이사야는 메시아, 즉 예수님에 대해 예언했어요. 이사야는 예수님이 사람들을 죄에서 구하기 위해 이 땅에 오셔서 고통을 받으시기 훨씬 전에 이 글을 썼답니다.

인형 놀이를 해요 ✷

준비물 ▶ 다양한 블록, 사람 모양 블록

❶ 아이들에게 다양한 블록을 이용해 도시나 마을을 만들어 보라고 한다.

❷ 사람 모양 블록을 나누어 주어 아이들이 만든 도시에서 인형 놀이를 할 수 있도록 지도한다.

❸ 아이들이 인형 놀이를 하는 동안 인도자가 "하나님은 모든 사람을 사랑하세요"라고 말해 준다.

> **인도자** 하나님은 사람들을 사랑하세요. 사람들이 죄를 떠나 하나님을 사랑하기를 바라시지요. 그래서 예수님을 보내셨어요. **하나님은 메시아가 고통받을 것이라고 말씀하셨어요.** 나쁜 사람들이 예수님께 못된 짓을 했지만 그것도 하나님이 계획하신 일이었어요. 예수님은 사람들을 죄에서 구하기 위해 죽으시고 다시 살아나셨어요.

예수님 글자를 찾아요 ✷

준비물 ▶ 다양한 자석 글자(자음, 모음)

❶ 아이들이 '예수님'이라는 단어의 자음과 모음에 해당하는 자석 글자를 찾아 단어를 완성해 볼 수 있게 한다.

> tip 잘 보이는 곳에 '예수님'이라고 쓴 종이를 놓아 둔다. 연령대가 어릴 경우 단어의 일부만 찾는 것도 좋다.

❷ 완성한 후에는 다 함께 큰 소리로 "예수님, 사랑해요!"라고 외쳐 본다.

하나님은 메시아가 고통받을 것이라고 말씀하셨어요. 예수님이 우리의 죄 때문에 십자가에서 죽으신 것은 모두 하나님의 계획대로 이루어진 일이었어요. 예수님은 사람들을 죄에서 구하기 위해 죽으시고 다시 살아나셨어요.

소곤소곤 꿀~꺽 간식

준비물 ▶ 식빵, 종이 접시, 초코 펜, 잼, 숟가락

❶ 카운트다운 영상, 정리하기 노래 등을 활용해 활동이 끝났음을 알린다. 아이들에게 주변을 정리하게 하고, 화장실에 가거나 물티슈 등을 이용해 손을 씻을 시간을 준다.

❷ 감사 기도를 드리고 식빵을 종이 접시에 담아 간식으로 나누어 준다. 초코 펜으로 예수님의 눈, 코, 입을 그리고 숟가락으로 잼을 떠서 머리와 수염 등을 표현해 예수님의 얼굴을 완성해 보라고 한다. 예수님은 사람들을 죄에서 구하기 위해 죽으시고 다시 살아나신 하나님의 종이시라는 오늘의 성경 이야기를 떠올려 준다.

❸ 간식을 먹은 후 마무리 정리를 잘하도록 지도한다.

오순도순 마무리

준비물 ▶ 유치부 교재 43쪽 메시지 카드, 소그룹 활동지, 파일

❶ 이번 주 메시지 카드로 부모님과 함께 오늘 배운 성경 이야기를 나누어 보라고 한다.

가족과 활동해요

• 가족과 함께 이웃을 섬기는 시간을 가져 보세요. 음식을 가져다준다든지, 심부름을 해 줄 수도 있고, 아이들을 돌봐 줄 수도 있어요. 가장 위대한 종이신 예수님을 전할 기회를 찾아보세요.

❷ 소그룹 활동지를 떼어 파일에 끼우고 가방에 정리하게 한다.

❸ 아이들을 위해 기도한다.

하나님, 예수님을 우리에게 주셔서 감사해요. 나쁜 사람들이 하나님의 종에게 한 못된 일들을 선하게 사용하셔서서 감사해요. 예수님을 믿고 의지할 때 우리를 죄에서 구해 주셔서 감사해요. 예수님의 이름으로 기도합니다. 아멘.

❹ 아이를 데리러 온 부모에게 아이가 특별히 즐거워했거나 잘했던 활동들에 대해 이야기해 주고, 가정에서 성경 읽기와 가족 활동을 진행할 수 있도록 격려한다.

나만의 기록장

예수님 그리기

6

히스기야는 남 유다의 신실한 왕이었어요

[왕하 18~19장]

주제 하나님이 히스기야의 기도를 들어주셨어요.

예수님 생각하기 히스기야는 하나님께 하나님의 백성을 적에게서 구원해 주셔서 모든 사람이 하나님만 진짜 하나님이신 줄 알게 해 달라고 기도했어요. 하나님은 히스기야의 기도를 들어주셨어요. 예수님도 자기 백성이 구원받게 해 달라고 기도하셨어요. 하나님은 예수님의 기도도 들어주셨지요. 예수님은 자신의 죽음과 부활로 사람들을 죄와 죽음에서 구원해 하나님께 영광을 돌리셨어요.

단원 암송 히 1:1~2상

성경의 초점 하나님 말고 다른 신이 있나요?
진짜 하나님은 오직 한 분뿐이세요.

'부전자전'이란 아들이 아버지의 외모나 행동을 닮았을 때 쓰는 말입니다. 하지만 히스기야는 그의 아버지 아하스와는 전혀 딴판이었습니다. 그는 역대 왕들과 달리 신실한 왕이었습니다.

남 유다의 왕 아하스는 하나님도, 하나님의 법도, 선지자도 귀하게 생각하지 않았습니다. 그리고 우상을 숭배했습니다. 아하스는 하나님이 보시기에 정직하게 행하지 않았습니다(왕하 16:2 참조). 그는 하나님의 백성이 하나님에게서 멀어지게 했고, 하나님의 분노와 화를 불러왔습니다.

반면, 히스기야는 그의 조상 다윗의 모든 행실과 같이 하나님이 보시기에 정직하게 행했습니다. 성전 안에 있는 우상을 모두 없애고 성전을 정결하게 했습니다(대하 29장 참조).

히스기야는 남 유다 백성이 하나님이 명하신 방법대로 하나님을 섬기도록 이끈 신실한 왕이었습니다. 하지만 신실한 왕도 결국 죄인입니다. 부와 성공은 히스기야를 자만에 빠지게 했습니다. 막강한 아시리아가 남 유다를 공격하자, 히스기야는 아시리아왕에게 뇌물을 주어 해결해 보려 했습니다. 하지만 아무 소용이 없었습니다. 그래서 히스기야는 자기 백성을 위해 기도했습니다. 하나님은 히스기야의 기도를 들으시고 남 유다를 살려 주셨습니다.

예수님은 아무런 죄도 짓지 않으신 신실한 왕이십니다. '신실하다'라는 단어는 '엄격하게 또는 빈틈없이 맡은 일을 수행하다', '자기가 한 말이나 약속, 맹세를 잘 지키다', '한결같이 충성하거나 애정을 베풀다', '충성스럽다', '일관성이 있다', '믿고 의지할 만하다', '사실, 기준, 원래의 것을 고수하다', '정확하다'라는 뜻입니다.

예수님은 죄인들을 구하는 사명을 완수하셨습니다. 예수님은 십자가에서 죽으시기 전 "다 이루었다(요 19:30 참조)"라고 말씀하셨습니다. 예수님은 하나님의 아들로서 충성하셨고, 변함없이 순종하십니다(히 3:5~6; 사 50:4~10 참조). 예수님은 어제나 오늘이나 영원토록 동일하십니다(히 13:8 참조). 예수님은 이 세상에 다시 오셔서 모든 것을 회복하실 것입니다(계 1:1~6 참조).

● ● **티칭 포인트**

아이들이 예수님은 남 유다의 왕 중에 신실했던 히스기야에 비할 수 없을 만큼 신실하신 분이라는 사실을 이해하도록 도와주십시오. 히스기야는 백성을 위해 하나님께 구원을 간구했지만, 그도 구원받아야 되는 죄인에 불과했습니다. 예수님은 죄가 없으시면서 하나님의 백성을 죄와 죽음에서 구해 달라고 간구하는 분이십니다.

히스기야는 남 유다의 신실한 왕이었어요

왕하 18~19장

남쪽의 유다 왕국에는 여러 왕들이 있었어요. 아하스가 죽자 그의 아들 히스기야가 왕이 되었어요. 히스기야는 아버지와 달랐어요. 아하스는 나쁜 왕이었지만, 히스기야는 정직한 왕이었지요. 히스기야는 하나님을 믿고 하나님의 명령에 순종했어요.

어느 날 아시리아라는 나라가 북쪽 이스라엘 왕국을 공격했어요. 아시리아 군대는 북 이스라엘 땅을 파괴하고 사람들을 잡아갔어요. 몇 년 뒤에는 남 유다를 공격했지요.

히스기야는 두려웠어요. 그래서 그만 하나님이 하나님의 백성을 지켜 주실 것이라고 믿지 않았어요. 그래서 아시리아왕에게 사람을 보내 "우리나라에서 물러가 주십시오. 그러면 원하는 대로 다 하겠습니다"라고 말했어요. 아시리아왕은 은 300★달란트(약 10톤)와 금 30달란트(약 1톤)를 달라고 했어요.

히스기야에게는 그렇게 많은 은과 금이 없었어요. 그래서 하나님의 성전과 왕궁에 있던 모든 은을 모았어요. 그리고 성전의 문과 기둥에 입혀 놓은 금을 벗겨 아시리아왕에게 모두 주었어요.

그래도 아시리아왕은 떠나지 않았어요. 그는 장군 몇 명을 큰 군대와 함께 히스기야에게 보내 말했어요. "너는 무엇을 믿고 이렇게 당당하냐? 우리 군대가 너희 군대보다 강하다. 지금 포기하는 게 좋을 것이다."

히스기야는 이사야 선지자에게 사람을 보내 "하나님께 우리를 지켜 달라고 기도해 주십시오!"라고 말했어요. 이사야는 이렇게 대답했어요. "하나님이 이렇게 말씀하셨습니다. '두려워하지 마라. 아시리아왕은 자기 나라로 돌아갈 것이다. 그리고 그곳에서 칼에 죽게 될 것이다.'"

아시리아 사람들은 히스기야가 하나님을 믿고 의지하는 모습을 보고 비웃었어요. 아시리아왕은 히스기야에게 편지를 보냈어요. 하나님이 그들을 구하지 못하실 것이라는 내용이었어요. 히스기야는 성전으로 갔어요. 그리고 아시리아왕의 편지를 펼쳐 놓고 기도했어요. "하나님! 저희를 아시리아의 손에서 구해 주십시오. 그러면 온 세상이 하나님이 오직 한 분, 진짜 하나님이신 줄 알게 될 것입니다."

이사야가 히스기야에게 사람을 보내 하나님의 말씀을 전했어요. 하나님이 히스기야의 기도를 들으신 거예요. 하나님은 이렇게 말씀하셨어요. "아시리아가 예루살렘을 공격하도록 내버려 두지 않을 것이다. 내가 나를 위해, 또 내 종 다윗과 맺은 언약을 지키기 위해 이 성을 보호해 구원할 것이다."

그날 밤 하나님의 천사가 아시리아 군대의 진영에 들어가 수십만 명의 적군을 죽게 했어요. 다음 날 아침, 아시리아왕은 자기 나라로 돌아갔어요. 그리고 하나님의 말씀대로 그곳에서 죽었어요.

★달란트 : 무게를 재는 가장 큰 단위, 신약 시대 화폐 단위로도 쓰였다.

●● **예수님 생각하기**

히스기야는 하나님께 하나님의 백성을 적에게서 구원해 주셔서 모든 사람이 하나님만 진짜 하나님이신 줄 알게 해 달라고 기도했어요. 하나님은 히스기야의 기도를 들어주셨어요. 예수님도 자기 백성이 구원받게 해 달라고 기도하셨어요. 하나님은 예수님의 기도도 들어주셨지요. 예수님은 자신의 죽음과 부활로 사람들을 죄와 죽음에서 구원해 하나님께 영광을 돌리셨어요.

가스펠 준비

싱글벙글 ☺ **환영해요**

"나의 주 하나님"(지도자용 팩)을 배경음악으로 튼다. 아이들을 반갑게 맞이하며 헌금과 기도를 도와준다. 예배 중 헌금 순서가 있다면 아이들이 헌금을 잘 간수하도록 돕는다. 가방과 외투를 정리하도록 안내한다. 새로 온 아이가 있다면 음수대와 화장실의 위치를 알려 주고, 보호자와 만나는 시간과 방법 등을 소개한다. 보호자들을 위한 안내문을 붙여 아이와 만나는 시간, 기다리는 장소, 헌금 방법, 아이에 대한 특별한 주의 사항을 교사에게 미리 알려 주기 등을 공지한다.

너랑 나랑 ☺ **마음 열기**

주제와 관련 있는 퍼즐이나 블록 등 아이들이 좋아하는 장난감을 몇 가지 비치해 두고 다양한 활동을 하며 예배를 준비하도록 돕는다. 아이들이 마음을 열고 오늘의 주제에 관심을 갖게 하며 예배에 집중할 수 있도록 도와준다. 교회 형편에 맞게 시간과 활동 방법을 조절한다.

색깔 게임을 해요 ✱

준비물 ▶ 빨강, 초록, 노랑, 파랑 색도화지 각 2장씩, 셀로판테이프

❶ 예배실 네 모퉁이에 색도화지를 색깔별로 한 장씩 붙여 둔다. 남은 4장의 색도화지는 인도자가 갖고 있는다.

❷ 아이들을 예배실 한가운데 모아 놓고, 인도자가 한 가지 색의 색도화지를 높이 들어 올리면 같은 색의 도화지가 붙어 있는 모퉁이로 이동하라고 말해 준다.

❸ 모든 아이가 이동했다면 다시 예배실 한가운데 모이게 한 후 다시 시작한다.

인도자 여러분은 제가 들고 있는 색도화지와 같은 색의 도화지가 붙어 있는 모퉁이로 가야 했어요. 오늘의 성경 이야기에서는 아시리아의 군대가 북 이스라엘을 공격해서 사

람들을 모두 아시리아로 잡아갔어요. 그런 다음 아시리아의 나쁜 왕은 남 유다로 향했어요! 과연 남 유다는 어떻게 되었을지 잠시 후에 알아보기로 해요.

왕의 머리에 왕관을 씌워요 ✳

❶ 흰색 전지에 왕관을 쓰지 않은 왕의 모습을 그려 예배실 벽에 붙여 둔다.

❷ 아이들에게 색종이로 왕관 모양을 만들라고 한 후 뒷면에 양면테이프를 붙여 준다. 왕관에 자기 이름을 쓰라고 한다.

❸ 아이들을 한 줄로 세우고, 한 명씩 코끼리 코 돌기 3회를 한 후 왕관을 왕의 머리에 씌워 주라고 한다.

❹ 모든 아이가 왕관을 씌운 후 누구의 왕관이 가장 정확하게 씌워졌는지 확인해 본다.

인도자 우리는 성경에서 여러 왕들에 대해 배웠어요. 나쁜 왕들이 많았지요. 하지만 오늘의 성경 이야기는 선한 왕 히스기야에 대한 거예요. 히스기야가 하나님을 믿고 의지하자 하나님이 그와 함께하셨어요. 하지만 히스기야왕도 완벽하지는 않았어요. 완벽한 왕은 예수님뿐이세요. 이야기를 들으면서 히스기야왕에 대해 좀 더 자세하게 알아보기로 해요.

예배 대형으로 모이기

- 카운트다운 영상, 모이기 노래 등을 활용해 예배 대형으로 바꾸고 마음을 준비하게 한다.
- 공간을 이동해야 한다면 기도하듯 손을 모으며 가도록 한다.

가스펠 설교

하나 — 들어가기

덩치가 크고 힘이 센 악당이 힘없는 사람을 계속해서 괴롭히는 장면을 본 적이 있나요? 오늘의 성경 이야기에 나오는 아시리아라는 나라의 왕도 하나님의 백성을 계속해서 괴롭혔어요. 하나님은 아시리아왕이 더 이상 하나님의 백성을 괴롭히지 못하도록 막으시고 그들을 구해 내셨어요. 하나님이 과연 어떻게 도우셨는지 함께 알아보기로 해요.

둘 — 성경 이야기

열왕기하 18~19장을 편다. 설교 영상(지도자용 팩)을 보여 주거나 이야기 성경을 들려준다.

성경은 지어낸 이야기가 아니에요. 성경 속의 이야기는 모두 실제로 있었던 일이에요. 성경은 하나님의 말씀이에요. 오늘의 성경 이야기는 '열왕기하'에 나온답니다.

셋 — 메시지와 정리

히스기야는 아시리아왕이 무서워서 하나님께 기도했어요. **하나님이 히스기야의 기도를 들어주셨어요.** 하나님은 하나님이 말씀하신 대로 하나님의 백성을 지켜 주셨어요.

연대표(지도자용 팩)를 가리키면서 복습 질문을 한다.

1. 아시리아왕에게 편지를 받은 히스기야왕은 하나님을 믿고 의지했나요? 그렇다
2. 아시리아왕은 히스기야가 무엇을 주면 자기 나라로 돌아가겠다고 약속했나요? 은과 금
3. 아시리아왕은 편지로 무엇이라고 말했나요? 하나님이 유다를 지키지 못할 것이라고 했다
4. 히스기야는 편지를 받고 어떻게 했나요? 성전으로 가서 편지를 펼쳐 놓고 기도했다
5. 하나님은 어떻게 하셨나요? 아시리아 군대를 물리치셨다

넷 — 성경의 초점

하나님 말고 다른 신이 있나요? 진짜 하나님은 오직 한 분뿐이세요. 히스기야는 모든 사람이 하나님이 오직 한 분, 진짜 하나님이시라는 것을 알 수 있도록 하나님의 백성을 적에게서 구해 달라고 기도했어요. 예수님도 하나님의 백성을 위해 기도하셨어요. 그런 다음 사람들을 죄에서 구하시려고 십자가에서 죽으시고 다시 살아나셨어요.

다섯 — 복음 초청

성경과 90쪽 복음 초청 가이드를 이용해서 아이들에게 그리스도인이 되는 법을 설명해 준다. 따로 상담해 줄 사람을 정해 주고 궁금한 점이 있으면 물어보도록 격려한다.

이 시간 예수님을 마음에 모시고 싶은 친구는 함께 기도해요.

여섯 — 기도

하나님, 히스기야왕을 통해 하나님이 우리의 기도를 들으시고 항상 응답해 주신다는 것을 알았어요. 하나님이 오직 한 분, 진짜 하나님이시라는 것을 알 수 있게 해 달라고 기도한 히스기야왕처럼 우리도 오직 하나님만이 왕이시라는 것을 잊지 않게 해 주세요. 그리고 언제나 하나님께 기도하며 하나님과 대화할 수 있도록 함께해 주세요. 예수님의 이름으로 기도합니다. 아멘.

일곱 — 암송송

성경에서 히브리서 1장 1~2 상반절을 펴고 큰 소리로 여러 번 따라 읽게 한다.

이사야 선지자는 히스기야왕에게 유다를 아시리아의 손에서 시켜 주겠다는 하나님의 말씀을 전했어요. 하나님이 우리에게 예수님을 보내셨기 때문에 더 이상 하나님의 말씀을 들으려고 선지자를 찾지 않아도 돼요. 하나님은 사람들을 죄에서 구하시려고 자기 아들을 보내셨어요.

암송송(159쪽)에 맞추어 손유희를 하며 말씀을 익힌다.

"옛적에 선지자들을 통하여 여러 부분과 여러 모양으로 우리 조상들에게 말씀하신 하나님이 이 모든 날 마지막에는 아들을 통하여 우리에게 말씀하셨으니"(히 1:1~2상).

가스펠
소그룹

알콩달콩 💬 말씀 놀이

두루마리를 찾아라!

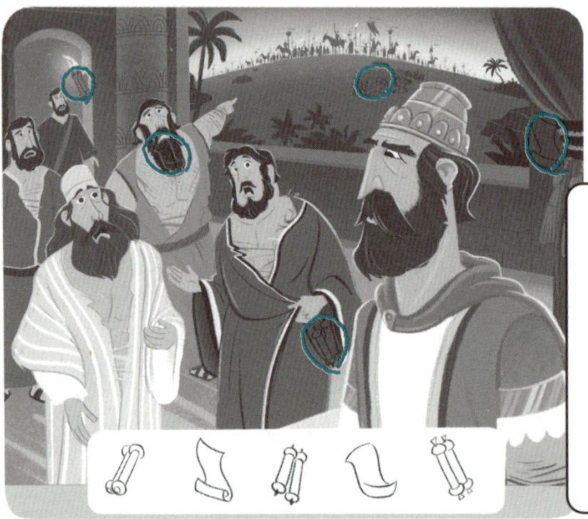

히스기야는 아시리아왕의 편지를 받고 두려웠어요.

이야기 나누기

- 언제 하나님께 기도하나요?
- 나의 기도를 듣고 계시는 하나님을 생각하면 어떤 기분이 드나요?

히스기야는 기도했어요.

❶ 히스기야왕이 아시리아왕의 편지를 받고 나서 하나님께 기도했던 이야기를 간략하게 떠올려 준다.

❷ 그림에 숨겨져 있는 5개의 두루마리(편지)를 모두 찾아 ○표 하게 한다.

❸ 빈칸에 기도하는 히스기야왕의 모습을 그려 보라고 한다.

> **인도자** 히스기야왕은 아시리아왕에게서 편지를 하나 받았어요. 아시리아왕은 남 유다를 공격할 계획이었어요. 편지에는 "하나님이 너희를 지켜 주지 못할 것이다"라고 쓰여 있었어요. 히스기야는 겁이 났지만 우리가 겁이 날 때 할 수 있는 가장 좋은 방법을 썼어요. 바로 기도예요. **하나님은 히스기야의 기도를 들어주셨어요.** 예수님도 사람들을 위해 기도하셨어요. 예수님은 사람들을 매우 사랑하셔서 그들을 죄에서 구하려고 십자가에서 죽으시고 다시 살아나셨어요.

교회 지도자들에게 편지를 써요 *

❶ 교회 목사님이나 직분자들, 또는 주일학교 교사들에게 격려의 편지를 쓰는 시간을 갖는다.

❷ 어떤 말을 써야 편지를 받는 사람이 힘이 날지 아이들에게 물어본다.

> **tip** 연령대가 낮은 경우 아이가 말하는 대로 인도자가 글을 써 주고, 아이는 뒷면에 용기를 주는 그림을 그리게 하는 것도 좋다.

❸ 글을 쓰거나 그림을 그리면서 편지를 받을 사람을 위해 기도하라고 말해 준다.

> **인도자** 아시리아왕은 히스기야의 용기를 꺾는 편지를 보냈어요. 하지만 우리는 우리 교회를 위해 수고하시는 분들께 용기를 주는 편지를 썼어요. **하나님이 히스기야의 기도를 들어주신 것처럼** 우리의 기도도 들어주실 거예요. 예수님도 사람들을 위해 기도하셨어요. 예수님은 사람들을 매우 사랑하셔서 그들을 죄에서 구하려고 십자가에서 죽으시고 다시 살아나셨어요.

톡, 톡, 톡, 톡 기도해요! *

> tip '수건 돌리기' 게임과 비슷한 활동이다.

❶ 아이들을 안쪽을 향해 둥글게 앉힌 뒤 '히스기야'라는 발음이 익숙해질 때까지 몇 번 따라 하게 한다.
❷ 아이들 중에 술래를 한 명 뽑아 원 바깥을 따라 돌면서 다른 아이들의 어깨를 톡, 톡, 톡, 톡 치며 "하나님이 / 히스기야의 / 기도를 / 들어주셨어요"라고 한 단어씩 말하라고 한다.
❸ 중간에 한 친구에게 "기도!"라고 말하면서 어깨를 치면 그 아이는 자리에서 일어나 술래를 잡으러 가고, 술래는 빈자리에 앉아야 한다고 일러 준다. 자리에 앉지 못한 사람이 술래가 된다.
❹ 게임을 마무리하기 전에 둥글게 앉은 채로 인도자가 마무리 기도를 한다.

> **인도자** 하나님, 진짜 하나님은 오직 한 분뿐이세요. 하나님 같은 분은 아무도 없어요! 히스기야의 기도를 들으시고 하나님의 백성을 적의 손에서 구해 주셔서 감사드려요. 우리를 죄에서 구하려고 하나님의 아들을 보내 십자가에서 죽으시고 다시 살아나게 하신 것도 감사드려요. 지금도 예수님이 우리를 위해 기도하고 계신 것 또한 감사드려요. 예수님의 이름으로 기도합니다, 아멘.

은과 금으로 솔로몬의 성전을 지어요 *　　　　　준비물 ▶ 나무 블록, 금색과 은색 포장지

❶ 나무 블록을 금색과 은색 포장지로 싸서 준비해 둔다.
❷ 아이들과 함께 은과 금 블록으로 솔로몬 성전을 지어 본다.

> **인도자** 히스기야왕은 성전의 금과 은을 가져다 아시리아왕에게 주었어요. 아시리아가 그것을 받고 남 유다를 내버려 두기를 바랐지요. 하지만 아시리아왕은 자기 나라로 떠나지 않았어요. 그러자 히스기야는 하나님께 아시리아에게서 하나님의 백성을 구해 달라고 기도했어요. 그래서 모든 사람이 하나님이 오직 한 분, 진짜 하나님이신 것을 알게 해 달라고 했지요. **하나님은 히스기야의 기도를 들어주셨어요!**

두루마리를 만들어요 ✱　준비물 ▶ 크래프트지, 가위, 사인펜, 스티커, 리본(털실)

❶ 아이들 수만큼 크래프트지를 잘라 '성경의 초점' 질문과 답을 써 둔다.

❷ 아이들에게 나누어 준 뒤 사인펜과 스티커로 꾸미게 한다.

❸ 두루마리처럼 보이도록 종이의 양 끝에서 가운데로 둘둘 마는 시범을 보여 준다.

❹ 리본으로 두루마리를 묶어 준다.

> **인도자** 히스기야는 아시리아왕에게서 못된 편지를 받고 하나님께 기도했어요. 하나님의 백성을 적의 손에서 구하셔서 하나님이 오직 한 분, 진짜 하나님이신 것을 모든 사람이 알게 해 달라는 기도였지요. **하나님은 히스기야의 기도를 들어주셨어요.** 예수님도 하나님의 백성을 위해 기도하셨어요. 그런 다음 하나님의 아들이신 예수님은 십자가에서 죽으시고 다시 살아나셨어요. 사람들을 죄에서 구하시려고 말이에요.

기도 수첩을 만들어요 ✱　준비물 ▶ A4 용지, 색도화지, 스테이플러, 사인펜, 색연필, 스티커

❶ A4 용지 4장을 색도화지 위에 포갠 뒤 색도화지가 책 표지처럼 보이도록 전체를 반으로 접는다.

❷ 접힌 가장자리를 따라 스테이플러를 2~3회 찍어 고정한다.

> tip ❶, ❷ 과정은 미리 준비해 두는 것이 좋다.

❸ 아이들에게 사인펜과 색연필, 스티커 등을 주어 기도 수첩을 꾸미게 한다.

❹ 표지에 '나의 기도 수첩'이라 쓰고 맨 첫 장에 6과의 주제를 적으라고 한다.

> tip 글씨 쓰기를 어려워하는 아이가 있다면 도와준다.

> **인도자** 기도는 하나님이 자기 백성에게 주신 놀라운 선물이에요. 예수님 덕분에 우리는 오직 한 분, 진짜 하나님께 언제 어디서나 기도할 수 있게 되었어요. 히스기야는 하나님의 백성을 적에게서 구해 달라고 하나님께 기도했고, **하나님은 히스기야의 기도를 들어주셨어요.** 우리가 기도한 내용과 그 기도에 대한 하나님의 응답을 기도 수첩에 적어 보세요. 언제나 신실하게 응답하시는 하나님을 만날 거예요.

간식

❶ 카운트다운 영상, 정리하기 노래 등을 활용해 활동이 끝났음을 알린다. 아이들에게 주변을 정리하게 하고, 화장실에 가거나 물티슈 등을 이용해 손을 씻을 시간을 준다.

❷ 감사 기도를 드리고 작은 크래커 11개를 간식으로 나누어 준다. 아시리아왕은 히스기야에게 은 10톤과 금 1톤, 모두 합쳐서 11톤의 금은을 달라고 했는데, 히스기야는 겁이 나서 아시리아왕이 시키는 대로 했다고 말해 준다. 그래도 아시리아왕이 떠나지 않자 히스기야는 하나님께 백성을 지켜 달라고 기도했고, 하나님이 그의 기도를 들으셨다는 점을 다시 한 번 이야기해 준다.

❸ 간식을 먹은 후 마무리 정리를 잘하도록 지도한다.

마무리

❶ 이번 주 메시지 카드로 부모님과 함께 오늘 배운 성경 이야기를 나누어 보라고 한다.

가족과 활동해요

- 가족끼리 서로에게 격려의 편지를 써 보세요. 교회의 지도자들에게 편지를 써도 좋아요. 우리에게 가장 힘이 되는 소식인 예수님의 복음을 아이들에게 전해 주세요.
- 어려운 상황에 있는 사람들을 위해 가족과 함께 기도하고 가장 힘이 되는 소식인 예수님의 복음을 전해 주세요.

❷ 소그룹 활동지를 떼어 파일에 끼우고 가방에 정리하게 한다.

❸ 아이들을 위해 기도한다.

> **인도자** 하나님, 하나님은 오직 한 분, 진짜 하나님이세요. 우리의 기도를 들어주시고 그 기도에 응답해 주셔서 감사드려요. 우리를 죄에서 구하시려고 하나님의 아들이신 예수님을 보내 십자가에서 죽으시고 다시 살아나게 하신 것을 감사드려요. 예수님의 이름으로 기도합니다. 아멘.

❹ 아이를 데리러 온 부모에게 아이가 특별히 즐거워했거나 잘했던 활동들에 대해 이야기해 주고, 가정에서 성경 읽기와 가족 활동을 진행할 수 있도록 격려한다.

나의 기도를 들으시는 하나님의 표정 그리기

2 단원

포기하지 않으시는 하나님

하나님의 백성은 계속해서 죄를 지어 하나님과 멀어졌지만 하나님은 포기하지 않으시고 그들을 사랑하셨습니다. 하나님은 호세아의 삶을 통해 여전히 사랑하신다는 사실을 보여 주셨습니다. 요나를 니느웨로 보내 하나님의 사랑이 닿지 않는 사람은 아무도 없다는 사실을 가르쳐 주셨습니다. 하나님은 요엘을 사용하셔서 심판을 피할 수는 없겠지만 하나님은 자비로우시고 그들을 다시 맞을 준비가 되셨다는 사실을 알려 주셨습니다.

하나님이
호세아를 통해
북 이스라엘에
사랑을 전하셨어요

하나님이
요엘을 통해
남 유다에
사랑을 전하셨어요

하나님이
요나를 통해
니느웨에
사랑을 전하셨어요

그림자

 카운트다운 영상(지도자용 팩)은 예배 대형으로 모이거나 대형을 바꾸며 준비할 시간을 알리는 데 활용한다. 익숙해질 때까지 중간에 남은 시간을 알리는 것도 좋다.
예) "1분 전입니다", "30초 전입니다. 마음을 가다듬고 기도하며 하나님께 나아갑시다"등.

"너희는 옷을 찢지 말고 마음을 찢고 너희 하나님 여호와께로 돌아올지어다 그는 은혜로우시 며 자비로우시며 노하기를 더디 하시며 인애가 크시사 뜻을 돌이켜 재앙을 내리지 아니하시나 니"(욜 2:13).

요엘 2:13

작곡 : 김효정

7

하나님이
호세아를 통해
북 이스라엘에
사랑을 전하셨어요

[호 1~14장]

주제	하나님은 하나님을 사랑하지 않는 사람도 사랑하세요.
예수님 생각하기	고멜은 마음을 다해 호세아를 사랑하지 않았어요. 호세아를 슬프게 하는 행동을 했지요. 그래도 호세아는 여전히 고멜을 사랑했어요. 하나님의 백성도 마음을 다해 하나님을 사랑하지 않았어요. 우리도 하나님을 슬프시게 하는 행동을 하지요. 하지만 하나님은 여전히 우리를 사랑하세요. 하나님은 예수님을 우리의 구원자로 보내 우리에게 사랑을 보여 주셨어요.
단원 암송	욜 2:13
성경의 초점	하나님은 어떤 분이신가요? 하나님은 불쌍히 여기시며, 사랑이 많으신 분이에요.

하나님은 북 이스라엘에 호세아 선지자를 보내 하나님이 죄를 몹시 싫어하신다는 것과 곧 심판이 있을 것이라는 소식을 전하셨습니다. 그와 더불어 절대 포기하지 않으시는 하나님의 사랑에 관해서도 말씀하셨습니다. 하나님은 호세아의 삶을 통해 절대 포기하지 않는 사랑이 어떤 모습인지 하나님의 백성에게 보여 주셨습니다.

하나님은 호세아에게 음란한 여자와 결혼하라고 말씀하셨습니다. 그의 아내는 부정한 행위를 하며, 다른 남자들의 아이들을 낳을 것이라고 하셨습니다. 그래도 호세아는 순종했습니다.

그는 고멜이라는 여인을 아내로 맞았습니다. 하나님이 말씀하신 대로, 고멜은 아내로서의 신의를 지키지 않고 다른 연인들을 따라다녔습니다. 자기 아내가 다른 사람과 있는 것을 볼 때마다 호세아가 얼마나 비통했을지 상상해 보십시오.

호세아는 두 손을 들고 "됐소! 이제 당신과는 끝이오!"라고 말하는 것이 더 쉬웠을 것입니다.

하나님의 백성도 고멜과 전혀 다르지 않았습니다. 그들도 영적인 간음을 저질렀습니다. 그들의 마음은 언제나 다른 연인을 찾아 헤매고 있었습니다. 그들은 우상, 즉 유일하신 참 하나님이 아닌 다른 사람이나 물건을 숭배했습니다.

하나님도 두 손을 들고 "됐다! 이제 너희와는 끝이다!"라고 말씀하시는 것이 더 쉬웠을 것입니다.

하지만 하나님의 사랑은 결코 포기하는 법이 없습니다. 하나님은 호세아에게 사랑을 주셔서 자기 아내를 노예 시장에서 다시 데려오도록 하셨습니다. 고멜이 그렇게 많은 잘못을 저질렀는데도 말입니다. 하나님도 마찬가지이셨습니다. 하나님의 백성이 수많은 부정을 저질렀음에도 그들을 찾아다니셨습니다. 그리고 백성을 되찾기 위해 아주 비싼 대가를 지불하셨습니다. 바로 하나님의 아들 예수님의 생명이었습니다.

●● 티칭 포인트

호세아의 이야기를 들려줄 때 아이들의 나이에 맞게 적절하게 설명해야 합니다. 하나님은 호세아의 부정한 아내를 통해 이스라엘 백성이 하나님께 얼마나 신의를 지키지 않았는지를 보여 주셨습니다. 하지만 동시에 하나님은 호세아에게 깊은 사랑을 주셔서 온갖 부정을 저지른 고멜을 기꺼이 데려오게 하셨습니다.

아이들에게 하나님의 사랑은 깊고, 하나님은 결코 포기하지 않으시며, 자기 백성을 끝까지 사랑하신다는 것을 알려 주십시오.

하나님이 호세아를 통해 북 이스라엘에 사랑을 전하셨어요

호 1~14장

하나님은 호세아 선지자에게 이스라엘 백성에게 전할 말씀을 주셨어요. 그리고 호세아가 할 일도 알려 주셨지요. "호세아야, 결혼해라. 그런데 너와 결혼할 여자는 마음을 다해 너를 사랑하지 않고, 다른 남자들을 사랑하는 사람이어야 한다. 그 여자와 결혼해 자식들을 낳아라."

하나님은 호세아의 인생을 통해 이스라엘 백성에게 교훈을 주려고 하신 것이었어요. 호세아의 아내가 남편인 호세아를 대하는 모습은 이스라엘 백성이 하나님을 대하는 모습과 같았어요. 이스라엘 백성은 마음을 다해 하나님을 사랑하지 않았어요. 사람들이나 물건을 하나님보다 더 사랑했지요. 하나님은 호세아에게 무척 힘든 일을 시키신 것이었어요. 나를 사랑해 주지 않는 사람을 사랑하는 일은 결코 쉬운 일이 아니랍니다. 하지만 호세아는 하나님의 말씀에 순종해 고멜이라는 여자와 결혼했어요.

고멜이 아들을 낳자 하나님은 호세아에게 아이의 이름을 '이스르엘'이라고 지으라고 하셨어요. 이스르엘은 특별한 이름이에요. '하나님이 이스라엘에게 벌을 주실 것이다'라는 뜻이 담겨 있었지요.

이번에는 고멜이 딸을 낳았어요. 그러자 하나님은 아이의 이름을 '불쌍히 여기지 않는다'라는 뜻을 가진 '로루하마'로 지으라고 하셨어요. 하나님이 이스라엘 백성을 더 이상 불쌍히 여기지 않으실 것이라는 뜻이었어요. 그들이 지은 죄에 마땅한 벌을 내리시겠다는 것이었어요.

얼마 후 고멜이 또 아들을 낳았어요. 하나님은 "아이의 이름을 '내 백성이 아니다'라는 뜻을 가진 '로암미'로 지어라"라고 말씀하셨어요. 오랜 시간 동안 이스라엘은 하나님의 백성이었어요. 하나님은 하나님께 순종하면 그들을 잘 보살펴 주겠다고 약속하셨어요. 하지만 하나님의 백성은 순종하지 않았어요. 그래서 하나님이 "너희는 내 백성이 아니다"라고 말씀하신 것이었어요.

아내라면 남편을 사랑하는 것이 당연한데, 고멜은 호세아를 사랑하지 않았어요. 호세아를 버리고 도망가 버렸어요! 마찬가지로 사람들도 하나님의 백성답게 하나님을 사랑하지 않았어요. 오히려 하나님을 버리고 도망갔지요!

호세아는 어떻게 했을까요? 고멜은 이미 호세아의 마음을 너무 많이 아프게 했어요. 그러니 도망을 가든 말든 내버려 두었을까요? 아니에요! 사랑하는 사람이 보이지 않으면 찾으러 가야지요! 호세아는 고멜을 찾아서 다시 집으로 데려왔어요. 비록 마음이 아팠지만 호세아는 여전히 아내를 사랑했어요. 포기하지 않고 끝까지 아내를 사랑할 생각이었지요.

호세아는 이스라엘 백성에게 이렇게 말했어요. "이제 하나님께 돌아갑시다. 하나님은 여전히 여러분을 사랑하십니다. 여러분의 죄를 벌하시겠지만 벌이 끝나면 다시 여러분을 돌보실 것입니다.”

이스라엘 백성은 호세아의 아내 고멜처럼 행동했어요. 하나님을 버리고 도망갔지요. 그래도 하나님은 그들을 계속 사랑하셨어요. 하나님은 자기 백성을 포기하지 않고 끝까지 사랑하세요. 하나님은 무슨 일이 있어도 하나님의 백성을 다시 찾을 계획이셨어요.

●● **예수님 생각하기**

고멜은 마음을 다해 호세아를 사랑하지 않았어요. 호세아를 슬프게 하는 행동을 했지요. 그래도 호세아는 여전히 고멜을 사랑했어요. 하나님의 백성도 마음을 다해 하나님을 사랑하지 않았어요. 우리도 하나님을 슬프시게 하는 행동을 하지요. 하지만 하나님은 여전히 우리를 사랑하세요. 하나님은 예수님을 우리의 구원자로 보내 우리에게 사랑을 보여 주셨어요.

가스펠 준비

싱글벙글 😄 ── **환영해요**

"절대 포기하지 않으시죠"(지도자용 팩)를 배경음악으로 튼다. 아이들을 반갑게 맞이하며 헌금과 기도를 도와준다. 예배 중 헌금 순서가 있다면 아이들이 헌금을 잘 간수하도록 돕는다. 가방과 외투를 정리하도록 안내한다. 새로 온 아이가 있다면 음수대와 화장실의 위치를 알려 주고, 보호자와 만나는 시간과 방법 등을 소개한다. 보호자들을 위한 안내문을 붙여 아이와 만나는 시간, 기다리는 장소, 헌금 방법, 아이에 대한 특별한 주의 사항을 교사에게 미리 알려 주기 등을 공지한다.

너랑 나랑 😊 ── **마음 열기**

주제와 관련 있는 퍼즐이나 블록 등 아이들이 좋아하는 장난감을 몇 가지 비치해 두고 다양한 활동을 하며 예배를 준비하도록 돕는다. 아이들이 마음을 열고 오늘의 주제에 관심을 갖게 하며 예배에 집중할 수 있도록 도와준다. 교회 형편에 맞게 시간과 활동 방법을 조절한다.

포기하지 마세요 ✳

❶ 아이들에게 '양 팔 벌리고 한 발로 서기'를 하라고 한다.

❷ 인도자는 아이들이 오래 버틸 수 있도록 "포기하지 마세요!"라고 계속 응원해 준다.

> **인도자** '양 팔 벌리고 한 발로 서기' 같은 자세를 계속 하고 있는 것은 힘든 일이에요. 오늘의 성경 이야기에서 하나님은 호세아 선지자에게 아주 힘든 일을 시키셨어요. 고멜이라는 여자와 결혼하라고 하셨지요. 고멜은 마음을 다해 호세아를 사랑하지 않았어요. 자기를 사랑해 주지 않는 사람을 계속 사랑하는 것은 힘든 일이었지만, 호세아는 포기하지 않고 고멜을 사랑했어요. 왜 하나님은 이렇게 힘든 일을 호세아에게 시키셨을까요? 오늘은 호세아와 고멜의 이야기를 들어 보기로 해요.

내 이름 뜻을 소개해요 ✳

준비물 ▶ 흰색 도화지, 색연필, 사인펜, 스티커

❶ 흰색 도화지에 아이들의 이름을 각각 써 주거나 아이들이 직접 자기 이름을 쓰게 한다.

❷ 아이들의 이름이 어떤 뜻인지 설명해 준 다음, 이름 아래에 써 준다.

> tip 미리 부모에게 문의해 아이들의 이름 뜻을 알아 둔다.

❸ 이름이 적힌 도화지를 색연필과 사인펜, 스티커를 이용해 꾸미는 시간을 갖는다.

> **인도자** 이름이 다르면 뜻도 달라지지요. 여러분의 이름은 정말 좋은 뜻을 가지고 있는 것 같아요! 오늘의 성경 이야기에서 하나님은 호세아에게 고멜이 낳은 아이들에게 특별한 뜻을 가진 이름을 지어 주라고 하셨어요. 과연 어떤 이름이었는지 궁금하지요? 오늘 이 시간에 알아보기로 해요.

예배 대형으로 모이기

- 카운트다운 영상, 모이기 노래 등을 활용해 예배 대형으로 바꾸고 마음을 준비하게 한다.
- 공간을 이동해야 한다면 심장을 톡톡 두드리며 가도록 한다.

가스펠 설교

하나 — 들어가기

아이들에게 사랑하는 사람의 이름을 말해 보라고 한다. 그 사람을 왜 사랑하는지 물어본다.

어떤 사람은 사랑하기가 쉬운 반면, 어떤 사람은 사랑하기가 어렵지요. 오늘의 성경 이야기는 하나님의 선지자 호세아에 대한 거예요. 하나님은 호세아에게 사랑하기 힘든 아내를 주셨어요. 그는 아내 때문에 마음이 많이 아팠지만 그래도 아내를 사랑했어요.

둘 — 성경 이야기

호세아 1~14장을 편다. 설교 영상(지도자용 팩)을 보여 주거나 이야기 성경을 들려준다.

성경은 다른 책과 달라요. 하나님의 말씀이지요. 성경은 지어낸 이야기가 아니에요. 오늘의 성경 이야기는 '호세아서'에 나온답니다.

셋 — 메시지와 정리

하나님은 호세아의 삶을 통해 하나님이 어떤 분인지 사람들에게 보여 주셨어요. **하나님은 하나님을 사랑하지 않는 사람도 사랑하세요.** 고멜은 호세아의 아내답게 남편인 호세아를 사랑하지 않았어요. 우리도 하나님의 백성답게 하나님을 사랑하지 않지요. 우리는 하나님의 말씀에 불순종해서 하나님의 마음을 아프게 하지만 하나님은 여전히 우리를 사랑하세요.

연대표(지도자용 팩)를 가리키면서 복습 질문을 한다.

1. 하나님은 호세아에게 무엇을 하라고 하셨나요? 마음을 다해 자기를 사랑하지 않는 여자와 결혼하라고 하셨다

2. 고멜은 어떻게 했나요? 호세아를 버리고 도망갔다

3. 호세아는 고멜을 내버려 두었나요? 아니다, 호세아는 고멜을 찾아 다시 집으로 데려왔다

4. 고멜을 보면 이스라엘 백성의 어떤 모습이 떠오르나요? 이스라엘 백성도 하나님보다 다른 것을 좋아했고, 하나님을 버리고 도망갔다

5. 호세아를 보면 하나님의 어떤 모습이 떠오르나요? **하나님은 하나님을 사랑하지 않는 사람도 사랑하세요.**

넷 — 성경의 초점

이제 새로운 '성경의 초점'을 배워 보아요. 2단원의 '성경의 초점' 질문은 **"하나님은 어떤 분이신가요?"**예요. 답은 **"하나님은 불쌍히 여기시며, 사랑이 많으신 분이에요"**랍니다. 우리는 죄인이고 마음을 다해 하나님을 사랑하지 않아요. 우리도 고멜이 호세아에게 한 것처럼 하나님께 해요. 하나님을 슬프시게 하는 행동을 하지요. 그래도 하나님은 여전히 우리를 사랑하세요. 하나님은 예수님을 보내 우리의 구원자가 되게 하심으로써 하나님의 사랑을 보여 주셨어요.

다섯 — 복음 초청

성경과 90쪽 복음 초청 가이드를 이용해서 아이들에게 그리스도인이 되는 법을 설명해 준다. 따로 상담해 줄 사람을 정해 주고 궁금한 점이 있으면 물어보도록 격려한다.

이 시간 예수님을 마음에 모시고 싶은 친구는 함께 기도해요.

여섯 — 기도

은혜로우시고 우리를 불쌍히 여기시는 하나님, 고멜이 호세아에게 한 것처럼 우리가 하나님을 슬프시게 하는 행동을 할지라도 여전히 사랑해 주시고, 예수님을 보내 주심으로 우리를 얼마나 사랑하는지 보여 주셔서 감사해요. 언제나 마음 다해 하나님을 사랑하며 살아갈 수 있도록 도와주세요. 예수님의 이름으로 기도합니다. 아멘.

일곱 — 암송송

성경에서 요엘 2장 13절을 펴고 큰 소리로 여러 번 따라 읽게 하다.

이 말씀을 보면 하나님이 은혜로우시고 우리를 불쌍히 여기신다는 것을 알 수 있어요. 우리가 죄를 짓고, 또 지어도 하나님은 돌아오라고 말씀하시고, 또 말씀하세요. 하나님은 절대 포기하지 않으시고 끝까지 우리를 사랑하세요.

암송송(160쪽)에 맞추어 손유희를 하며 말씀을 익힌다.

"너희는 옷을 찢지 말고 마음을 찢고 너희 하나님 여호와께로 돌아올지어다 그는 은혜로우시며 자비로우시며 노하기를 더디 하시며 인애가 크시사 뜻을 돌이켜 재앙을 내리지 아니하시나니"(욜 2:13).

tip 전체 구절 암송이 어려운 경우에는 표시 부분을 발췌해 외워도 좋다.

가스펠
소그룹

알콩달콩 — 말씀 놀이

고멜을 찾아요!

준비물 ▶ 유치부 교재 16쪽, 색연필

이야기 나누기

- 하나님은 왜 호세아에게 그를 사랑하지도 않는 고멜과 결혼하라고 하셨나요?
- 우리가 하나님을 알지 못했을 때 하나님은 우리를 어떻게 생각하셨을까요?

❶ 호세아는 자신을 사랑하지 않는 고멜을 끝까지 포기하지 않고 찾았다고 아이들에게 이야기해 준다.

❷ 호세아가 고멜에게 갈 수 있도록 미로를 통과해 보라고 한다.

> **인도자** 우리는 죄인이고 마음을 다해 하나님을 사랑하지 않아요. 우리도 고멜이 호세아에게 한 것처럼 하나님께 해요. 하나님을 슬프시게 하는 행동을 하지요. 그래도 하나님은 여전히 우리를 사랑하세요. 하나님은 예수님을 보내 우리의 구원자가 되게 하심으로써 하나님의 사랑을 보여 주셨어요.

"예수 사랑하심을" 찬송을 불러요 ✱

❶ 새찬송가 563장 "예수 사랑하심을" 찬송을 부르며 가사에 맞추어 율동을 한다.

> **tip** 아이들이 찬송을 익힐 때까지 여러 번 반복하는 것이 좋다.

예) • '예수' : 오른손을 주먹 쥔 상태에서 엄지손가락만 세워 예수님을 나타낸다.

　　• '사랑하심을' : 양손 검지만 펴고 가슴 앞에서 큰 하트를 그린다.

　　• '성경에서' : 양쪽 손바닥을 편 상태에서 모았다가 벌려 책을 나타낸다.

　　• '배웠네' : 두 손을 양쪽 귀에 차례로 모아 소리를 듣는 흉내를 낸다.

> **인도자** 우리는 하나님이 우리를 사랑하시는지 궁금해할 필요가 없어요. 하나님은 우리를

사랑하신다고 성경을 통해 말씀하시고, 예수님을 우리의 구원자로 보내 행동으로 보여 주셨어요. 우리는 하나님을 슬프시게 할 때가 많지만, 하나님은 여전히 우리를 사랑하세요. **하나님은 하나님을 사랑하지 않는 사람도 사랑하세요.**

사랑의 자석이에요 ✽

준비물 ▶ 여러 종류의 자석, 플라스틱 통, 쌀, 클립 15개

❶ 플라스틱 통에 쌀을 10cm 정도 높이로 붓고 클립을 그 속에 숨긴다.

❷ 아이들에게 여러 종류의 자석을 나누어 주고 자석끼리 서로 밀어내고 끌어당기는 모습을 보여 준다.

❸ 자석을 이용해 쌀 속에 숨겨진 클립을 찾아보라고 한다.

❹ 클립을 찾아낼 때마다 서로 연결해 길게 만들고, 마지막 클립을 찾으면 동그랗게 연결시킨다.

> **인도자** 사람들은 자석을 사용해서 잃어버린 금속 성질의 물건을 찾기도 해요. 어떤 면에서 자석은 하나님과 닮았어요. 우리는 죄를 지어 하나님을 밀어내지만 하나님은 절대 우리를 포기하지 않으시지요. **하나님은 하나님을 사랑하지 않는 사람도 사랑하세요.** 하나님은 우리를 찾아오세요. 벌을 주시든, 복을 주시든 하나님이 하시는 모든 일은 우리를 하나님께로 끌어당기기 위한 거예요. 하나님은 예수님을 보내 우리가 영원히 하나님과 함께 있을 수 있게 하셨어요.

아기의 이름을 지어요 ✽

준비물 ▶ 아기 인형, 인형 놀이 소품

❶ 호세아와 고멜의 아기들에게 특별한 이름이 있었음을 이야기해 준다.

　예) • 이스르엘 : 하나님이 이스라엘에게 벌을 주실 것이다

　　　• 로루하마 : 불쌍히 여기지 않는다

　　　• 로암미 : 내 백성이 아니다

❷ 아이들에게 아기 인형을 보여 주면서 아기에게 이름이 없으니 지어 주자고 한다.

❸ 하나님이 아기를 얼마나 사랑하시는지 알 수 있도록 좋은 뜻을 가진 이름을 지어 보자고 이야기한다.

　예) 하랑(하나님의 사랑), 예쁨(예수님의 기쁨) 등.

❹ 아기 인형의 이름을 불러 주며 인형 놀이 소품을 이용해 아기를 정성껏 사랑으로 돌보아 주는 시간을 갖는다.

> **인도자** 하나님은 하나님의 백성을 사랑하셨어요. 그들이 하나님을 사랑하지 않는 죄를 지어 벌을 받게도 하셨지만 계속해서 불순종하도록 내버려 둘 수는 없으셨지요. 하나님은 하나님을 버리고 도망갔던 사람들을 여전히 사랑하셨어요. 하나님은 벌을 다 받고 나면 그들을 다시 돌보겠다고 말씀하셨어요. **하나님은 하나님을 사랑하지 않는 사람도 사랑하세요.** 하나님은 무슨 일이 있어도 자기 백성을 되찾을 계획이셨어요. 그래서 예수님을 보내 주시고 모두 하나님께 다시 갈 수 있도록 죄를 없애 주셨어요.

하트 모양을 오려요 ✱ 준비물 ▶ 종이, 가위, 연필

❶ 종이를 반으로 접은 후 연필을 이용해 접힌 쪽을 중심으로 하트의 반쪽 모양을 그린 후 가위로 오릴 수 있도록 돕는다.

> **tip** 가위질을 어려워하는 아이가 있다면 도와준다.

❷ 반쪽 모양의 하트를 펴서 온전한 하트로 만든 후 한쪽 면에 7과의 주제 "하나님은 하나님을 사랑하지 않는 사람도 사랑하세요"라고 쓰게 한다.

> **tip** 글씨 쓰기가 어려운 아이들은 교사가 써 주거나 미리 라벨지에 7과의 주제를 프린트해 두어도 좋다.

> **인도자** 하트를 보면 하나님의 사랑이 생각나요. 고멜이 마음을 다해 호세아를 사랑하지 않은 것처럼 하나님의 백성도 마음을 다해 하나님을 사랑하지 않았어요. 사랑받은 만큼 남편을 사랑해 주지 않는 고멜을 여전히 사랑하는 호세아의 모습을 보면 하나님이 자기 백성을 얼마나 사랑하시는지 알 수 있어요. **하나님은 하나님을 사랑하지 않는 사람도 사랑하세요.** 우리는 하나님을 슬프시게 할 때가 많지만 하나님은 무슨 일이 있어도 우리를 사랑하세요.

하트 릴레이를 해요 ✱ 준비물 ▶ 하트 모양의 종이, 가위

❶ 아이들의 수만큼 하트 모양의 종이를 준비해 둔다.

❷ 하트 양쪽에 '고멜'이라고 한 글자씩 쓰고, 가위를 이용해 다양한 방식으로 하트를 반으로 자르라고 한다.
예) 구불구불하게, 지그재그, 똑바로, 사선으로, 물결무늬 등.

> **tip** 난이도가 높은 가위질이므로 가능하면 교사가 자르도록 하고, 자원하는 아이가 있다면 맡겨도 좋다.

❸ 아이들을 2팀으로 나눈 뒤 예배실 한쪽에 각각 한 줄로 세운다.

❹ 한 명당 하트 반쪽씩 나누어 주고, 나머지 반쪽 하트는 예배실 반대편 책상 위에 올려 둔다.

❺ 첫 주자가 달려가 자기 하트의 반쪽을 찾아 자기 팀으로 돌아오면 다음 주자가 달려가 같은 방식으로 게임을 진행한다. 모든 하트의 짝을 찾아 먼저 맞춘 팀이 이긴다.

> **인도자** 여러분은 잃어버린 하트의 반쪽을 찾으러 갔지요? 고멜이 도망갔을 때 호세아도 고멜을 찾으러 갔어요. 호세아는 고멜을 사랑했어요. 그는 고멜을 찾아 집으로 다시 데려왔어요. 하나님도 호세아와 같으세요. 하나님의 백성은 하나님을 버리고 도망갔지만 하나님은 그들을 여전히 사랑하셨지요. **하나님은 하나님을 사랑하지 않는 사람도 사랑하세요.** 자기 백성을 포기하지 않고 끝까지 사랑하세요. 하나님은 무슨 일이 있어도 그들을 되찾아 올 계획이셨어요.

간식

준비물 ▶ 봉지나 상자에 담을 수 있는 간식

❶ 카운트다운 영상, 정리하기 노래 등을 활용해 활동이 끝났음을 알린다. 아이들에게 주변을 정리하게 하고, 화장실에 가거나 물티슈 등을 이용해 손을 씻을 시간을 준다.

❷ 봉지나 상자에 간식을 담아 예배실에 미리 숨겨 두고 아이들에게 찾아보라고 한다. 호세아도 고멜을 이와 같이 찾아냈다고 이야기해 준다. 찾아낸 간식을 모아 한 아이당 하나씩 나누어 주고 감사 기도를 드린 뒤 간식을 먹도록 한다.

❸ 간식을 먹은 후 마무리 정리를 잘하도록 지도한다.

마무리

준비물 ▶ 유치부 교재 43쪽 메시지 카드, 소그룹 활동지, 파일

❶ 이번 주 메시지 카드로 부모님과 함께 오늘 배운 성경 이야기를 나누어 보라고 한다.

가족과 활동해요

• 평소 사랑하기 힘들었던 사람을 사랑하려고 노력하는 사랑의 행동을 구체적으로 생각해 보고, 우리도 하나님처럼 그를 보게 해 달라고 기도하세요.

❷ 소그룹 활동지를 떼어 파일에 끼우고 가방에 정리하게 한다.

❸ 아이들을 위해 기도한다.

> **인도자** 하나님, 하나님의 사랑은 놀라워요. 하나님은 하나님의 마음을 아프게 하는 사람도, 하나님께 순종하지 않는 사람도 사랑하시지요. 우리는 죄인이고 하나님의 마음을 아프게 하는데도 여전히 사랑해 주셔서 감사해요. 예수님을 우리의 구원자로 보내 주셔서 감사드려요. 예수님의 이름으로 기도합니다. 아멘.

❹ 아이를 데리러 온 부모에게 아이가 특별히 즐거워했거나 잘했던 활동들에 대해 이야기해 주고, 가정에서 성경 읽기와 가족 활동을 진행할 수 있도록 격려한다.

나만의 기록장

내 주변에 있는 하나님이 사랑하시는 사람 그리기

나를 위한 하나님의 멋진 계획

'복음'이라는 말을
들어 본 적 있니?
복음이란
'좋은 소식'이라는
뜻이야.
우리에게 보내신
하나님의 좋은 소식이
무엇일까?

하나님은 세상을 만드셨단다
하나님이 세상을 만드시고, 사람을 만드셨어. 그리고 사랑하셨지.
(창 1:1; 골 1:16~17; 계 4:11)

사람들은 죄를 짓고 하나님을 떠났어
그런데 사람들이 죄를 지어서 하나님과 함께 살 수 없게 되었어.
결국 죽을 수밖에 없게 되었지.
(롬 3:23, 6:23)

하나님은 구원 계획을 갖고 계신단다
하나님은 우리를 사랑하셔서 하나님과 함께 살기 원하셨어.
그래서 우리(너)를 위한 놀라운 계획을 세우셨단다.
(요 3:16; 엡 2:8~9)

예수님이 우리에게 생명을 주셨어
하나님은 아들 예수님을 보내셨고, 예수님은 우리 죄를 대신해 십자가에서 죽
으시고, 3일 만에 다시 살아나셨어. 우리에게 영원한 생명을 주시고 하나님과
함께 살 수 있는 길을 열어 주신 거야.
(롬 5:8; 고후 5:21; 벧전 3:18)

예수님! 우리의 마음에 오세요!
예수님을 믿고 마음에 받아들이면 하나님의 자녀가 된단다.
이것이 가장 좋은 소식, 복된 소식, 복음이란다.
(요 1:12~13; 롬 10:9~10, 13)

**예수님을 영접하기 원하는 어린이가 있다면 개인적으로 상
담하고 영접 기도를 할 수 있도록 도와주세요.**

예수님이 ○○를 사랑하시는 것을 믿겠니?
예수님이 ○○의 죄를 씻어 주신 것을 믿겠니?
예수님을 ○○의 마음에 받아들이겠니?

**믿음을 고백하고 예수님을 영접하기 원하는 어린이를 위해
간절히 기도해 주세요.**

이제 ○○는 하나님의 자녀(아들, 딸)가 되었어!
이것이 예수님을 통해 ○○에게 이루어 주신 하나님의 계획이야!
○○야, 하나님의 자녀(아들, 딸) 된 것을 축하해!

8

하나님이 요나를 통해 니느웨에 사랑을 전하셨어요

[욘 1~4장]

주제	하나님이 니느웨 사람들을 불쌍히 여기셨어요.
예수님 생각하기	하나님은 요나를 불러 적들에게 가서 죄를 그만 지으라고 말하라고 하셨어요. 요나는 가기 싫어했어요. 먼 훗날 하나님은 하나님의 아들 예수님을 보내 하나님의 적들에게 죄를 그만 지으라고 말하라고 하셨어요. 요나와 달리 예수님은 하나님께 순종하고 싶어 하셨어요. 예수님은 우리를 죄에서 구하려고 십자가에서 죽으셨어요.
단원 암송	욜 2:13
성경의 초점	하나님은 어떤 분이신가요? 하나님은 불쌍히 여기시며, 사랑이 많으신 분이에요.

요나서는 단순히 요나와 큰 물고기에 관한 이야기가 아닙니다. 그 부분도 물론 중요한 요소이지만, 요나 이야기의 중심은 하나님의 연민에 있습니다. 이스라엘 백성뿐 아니라 온 세상 사람들, 심지어 이스라엘에게 있어 최악의 적국까지 불쌍히 여기시는 하나님의 마음 말입니다. 하나님은 요나에게 말씀하셨습니다. "너는 일어나 저 큰 성읍 니느웨로 가서 그것을 향하여 외치라 그 악독이 내 앞에 상달되었음이니라"(욘 1:2).

하나님은 온 땅을 심판하는 분이시며(창 18:25 참조), 모든 나라를 다스리는 주권자이십니다. 니느웨는 아시리아의 수도였고, 아시리아의 통치자들은 악하고 잔인하기로 악명이 높았습니다. 요나가 니느웨 반대편으로 달아난 것은 이상한 일이 아니었습니다.

그러나 하나님의 존전에서 도망칠 수 있는 사람은 아무도 없습니다(시 139:9~10 참조). 물고기 배 속에서 보낸 얼마간의 시간을 통해 하나님은 요나의 마음을 움직이셨습니다.

요나는 마침내 니느웨로 갔습니다. 요나는 사흘 동안 걸을 만큼 큰 도시를 하루 동안 다니며 외쳤습니다. 니느웨 사람들을 향한 요나의 메시지는 간단했습니다. "40일 뒤에 니느웨가 무너진다!" 니느웨 사람들은 즉시 회개했고, 하나님은 심판을 거두셨습니다. 그들의 잘못을 용서하셨고 도시를 무너뜨리지 않으셨습니다. 요나는 어떻게 반응했을까요? 그는 "매우 싫어하고 성내"었습니다(욘 4:1).

하나님은 요나를 꾸짖으시며 자신의 마음을 돌아보게 하셨습니다. 그리고 요나와 우리에게 한 가지 질문을 남기셨습니다. "내가 어찌 아끼지 아니하겠느냐"(욘 4:11).

●● 티칭 포인트

마태는 예수님이 요나보다 위대한 분이시라고 말했습니다(마 12:41 참조). 예수님은 유대인과 이방인을 가리지 않고 모든 죄인에게 회개하라고 외치셨습니다. 예수님은 요나처럼 말씀만 전하신 것이 아니라 우리를 정말로 사랑하십니다. 하나님의 뜻에 기쁨으로 순종하셨고, 우리 죄를 씻기 위해 자기 목숨을 내놓으셨습니다.

복음에는 하나님의 긍휼이 보입니다. 예수님을 주님과 구원자로 믿는 사람은 누구나 용서해 주시기 때문입니다. 아이들에게 하나님이 이 기쁜 구원의 소식을 전하기 위해 우리를 요나처럼 보내신다는 것을 알려 주십시오.

하나님이 요나를 통해 니느웨에 사랑을 전하셨어요

욘 1~4장

어느 날 하나님이 선지자 요나에게 말씀하셨어요. "일어나 니느웨로 가서 그 도시에 선포하라. 니느웨 사람들이 그동안 죄악을 너무 많이 저질렀구나." 요나는 걱정이 되었어요. 니느웨는 이스라엘의 적인 아시리아라는 나라의 수도였거든요. 그곳 사람들은 하나님을 사랑하지도 않았고, 이스라엘을 괴롭힌 아주 나쁜 민족이었어요. 따라서 요나는 니느웨에 가지 않았어요. 오히려 반대쪽으로 가는 배를 탔어요!

그때 하나님이 무서운 폭풍을 보내셨어요. 배에 타고 있던 선원들은 겁이 났어요. 자기들이 섬기는 가짜 신들에게 도와 달라고 기도했지요. 그리고 누구 때문에 폭풍을 만나게 되었는지 제비를 뽑아 알아내기로 했어요. '제비뽑기'란 '동전 던지기'나 '주사위 던지기'처럼 우연한 결과에 따라 무언가를 정하는 방법이에요. 하지만 성경은 제비는 사람이 뽑지만 결정은 주님이 하신다고 말해요(잠 16 : 33 참고). 제비를 뽑아 보니 요나가 나왔어요.

선원들은 요나에게 "당신의 직업이 무엇이오? 어디에서 온 것이며, 어느 나라 사람이오?"라고 물었어요. 요나는 이렇게 대답했어요. "저는 히브리 사람입니다. 바다와 땅을 만드신 하늘의 하나님 여호와를 섬기고 있습니다. 그런데 저는 지금 하나님을 피해 도망가는 중입니다." 그러자 선원들은 두려워서 큰 소리로 물었어요. "바다를 진정시키려면 대체 우리가 당신에게 어떻게 해야 합니까?" 요나는 "저를 들어서 바다에 던지십시오. 그러면 바다가 잠잠해질 것입니다. 이렇게 엄청난 폭풍이 닥친 것은 바로 저 때문입니다!"라고 말했어요. 폭풍이 점점 심해지자 선원들은 어쩔 수 없이 요나를 들어 바다에 던졌어요.

하나님은 큰 물고기를 보내 요나를 삼키게 하셨어요. 요나는 3일 밤낮을 물고기 배 속에 갇혀 있었어요. 그곳에서 요나는 물고기를 보내 자기를 살려 주신 하나님께 감사의 기도를 드렸어요. 그러자 물고기가 요나를 마른 땅에 뱉었어요.

하나님이 다시 요나에게 말씀하셨어요. "요나야, 일어나 니느웨로 가서 내가 네게 전하는 말을 선포하라." 요나는 이번에는 니느웨로 갔어요. 그리고 성을 하루 동안 돌아다니며 외쳤지요. "40일 후에 하나님이 니느웨를 무너뜨리실 것입니다!" 그 말을 들은 니느웨 사람들은 죄짓는 일을 멈추고, 하나님 앞에서 잘못을 뉘우쳤어요. 그러자 하나님은 니느웨를 무너뜨리지 않기로 하셨어요.

요나는 화가 잔뜩 났어요. "이러실 줄 알았습니다! 하나님은 은혜롭고 사랑이 많은 분이시니까 벌을 받아 마땅한 사람에게도 쉽게 벌을 주지 않으시고, 화를 잘 내지 않으시며, 사람들을 사랑하시는 분이라는 것을 저는 알고 있었습니다! 정말 화가 납니다." 그의 말을 들으신 하나님은 "네가 화내는 것이 옳으냐?"라고 물으셨어요.

요나는 니느웨가 잘 보이는 곳에 오두막을 하나 지었어요. 하나님은 요나에게 한 가지 교훈을 주기로 하셨어요. 하나님은 박 넝쿨이 자라게 해 그늘을 만들어 주셨어요. 요나는 기분이 좋아졌어요. 하지만 다음 날 하나님은 벌레를 보내 박 넝쿨을 갉아먹게 하셨어요. 넝쿨은 곧 시들었지요. 하나님이 뜨거운 바람을 보내시고 해가 머리 위에 쪼이자 요나는 너무 더워서 쓰러질 지경이었어요. 화가 잔뜩 났지요. 하나님이 요나에게 물으셨어요. "박 넝쿨이 시들었다고 화를 내는 것이 옳으냐?" 요나는 "그렇습니다! 화가 나서 죽을 지경입니다!"라고 대답했어요.

하나님이 요나에게 말씀하셨어요. "네가 돌보지도 않고 기르지도 않은 박 넝쿨을 그렇게도 아꼈구나. 하룻밤 사이에 자라나 하룻밤 사이에 죽어 버렸는데도 말이다. 그런데 이 큰 도시인 니느웨에는 수없이 많은 사람이 살고 있다. 그들에게는 도움이 필요하다. 내가 그들을 만들었고, 나는 그들을 아낀다. 그들이 박 넝쿨보다 중요하지 않다는 말이냐?"

●● 예수님 생각하기

하나님은 요나를 불러 적들에게 가서 죄를 그만 지으라고 말하라고 하셨어요. 요나는 가기 싫어했어요. 먼 훗날 하나님은 하나님의 아들 예수님을 보내 하나님의 적들에게 죄를 그만 지으라고 말하라고 하셨어요. 요나와 달리 예수님은 하나님께 순종하고 싶어 하셨어요. 예수님은 우리를 죄에서 구하려고 십자가에서 죽으셨어요.

가스펠
준비

싱글벙글 😊 **환영해요**

"절대 포기하지 않으시죠"(지도자용 팩)를 배경음악으로 튼다. 아이들을 반갑게 맞이하며 헌금과 기도를 도와준다. 예배 중 헌금 순서가 있다면 아이들이 헌금을 잘 간수하도록 돕는다. 가방과 외투를 정리하도록 안내한다. 새로 온 아이가 있다면 음수대와 화장실의 위치를 알려 주고, 보호자와 만나는 시간과 방법 등을 소개한다. 보호자들을 위한 안내문을 붙여 아이와 만나는 시간, 기다리는 장소, 헌금 방법, 아이에 대한 특별한 주의 사항을 교사에게 미리 알려 주기 등을 공지한다.

너랑 나랑 😊 **마음 열기**

주제와 관련 있는 퍼즐이나 블록 등 아이들이 좋아하는 장난감을 몇 가지 비치해 두고 다양한 활동을 하며 예배를 준비하도록 돕는다. 아이들이 마음을 열고 오늘의 주제에 관심을 갖게 하며 예배에 집중할 수 있도록 도와준다. 교회 형편에 맞게 시간과 활동 방법을 조절한다.

배를 타요 ✱

❶ 아이들을 둥글게 앉힌 후 다음 상황을 상상하며 배를 타는 흉내를 내 보라고 한다.

예) • 잔잔한 바다 : 가만히 앉아 있는다.
  • 거친 바다 : 팔을 휘두른다.
  • 찰싹찰싹 치는 파도 : 꼿꼿이 앉았다가 갑자기 몸에 힘을 빼고 털썩 고꾸라지기를 반복한다.
  • 쏟아지는 비 : 머리를 가리고 무릎 쪽으로 구부린다.
  • 천둥, 번개 : 귀를 막는다.
  • 차가운 바람 : 몸을 부르르 떨고 이를 딱딱거린다.

> **인도자** 배를 타 본 적이 있나요? 그때 날씨가 어떠했나요? 오늘의 성경 이야기에서 하나님은 요나 선지자가 배를 타고 가는데 폭풍을 보내셨어요. 요나의 관심을 끄시려는 작전이었고, 작전은 성공이었어요. 왜 하나님은 이런 작전을 세우셨을까요? 오늘의 성경 이야기를 잘 들어 보세요.

반대로 해 봐요, 이렇게! ✱

❶ 인도자가 어떤 단어를 큰 소리로 외치면 아이들에게 반대되는 동작을 취하라고 말해 준다.

예) 열다-닫다(손이나 입을 이용한다), 위-아래(팔이나 몸 전체를 이용한다), 높다-낮다(팔이나 몸 전체를 이용한다), 오른쪽-왼쪽(손가락으로 가리키거나 그 방향으로 뛰어간다), 가까이-멀리(아이들 쪽으로 걸어가거나 반대 방향으로 걸어간다), 움직이다-가만히 있다(팔이나 몸 전체를 이용한다) 등.

> **인도자** 오늘은 하나님의 선지자 요나의 이야기를 들을 거예요. 하나님은 요나에게 니느웨로 가서 그곳 사람들에게 하나님의 말씀을 전하라고 하셨어요. 하지만 요나는 반대로 했지요. 과연 어떤 일이 있었는지 함께 알아보기로 해요.

예배 대형으로 모이기

- 카운트다운 영상, 모이기 노래 등을 활용해 예배 대형으로 바꾸고 마음을 준비하게 한다.
- 공간을 이동해야 한다면 바다를 헤엄치듯 가도록 한다.

가스펠
설교

 ### 하나 — 들어가기

아이들에게 물고기 인형을 보여 주면서, 요나 선지자에 대해 얼마나 알고 있는지 물어본다.

대부분의 사람들은 요나 이야기를 생각할 때 '큰 물고기가 요나를 삼킨 이야기' 정도로만 기억해요. 하지만 가장 중요한 점은 따로 있답니다. 오늘의 성경 이야기를 들으면서 하나님은 사람들이 잘못한 만큼 그대로 갚아 주시는 분이 아니라는 사실을 꼭 기억했으면 좋겠어요. 하나님은 사람들을 불쌍히 여기시는 분이에요.

둘 — 성경 이야기

요나 1~4장을 편다. 설교 영상(지도자용 팩)을 보여 주거나 이야기 성경을 들려준다.

성경에는 흥미진진한 이야기가 많이 있어요. 하지만 그런 이유 때문에 성경이 가장 중요한 책인 것은 아니에요. 성경은 하나님의 말씀이에요. 다른 책에는 없는 하나님의 진짜 말씀이 담겨 있답니다.

셋 — 메시지와 정리

하나님은 니느웨 사람들을 불쌍히 여기셨어요. 니느웨 사람들은 하나님의 자비를 받을 자격이 없었어요. 하지만 하나님은 자신이 창조한 니느웨 사람들을 아끼셨어요. 니느웨 사람들이 죄를 뉘우치자 하나님은 니느웨를 무너뜨리지 않기로 하셨어요.

연대표(지도자용 팩)를 가리키면서 복습 질문을 한다.

1. 요나는 니느웨에 가지 않고 어떻게 했나요? 반대 방향으로 가는 배를 탔다
2. 요나가 배에 타자 어떤 일이 일어났나요? 하나님이 바다에 폭풍을 보내셨다
3. 선원들이 바다로 던진 후 요나는 어떻게 되었나요? 하나님이 보내신 큰 물고기에게 삼켜졌다
4. 하나님은 니느웨를 무너뜨리셨나요? 아니다, **하나님이 니느웨 사람들을 불쌍히 여기셨어요**
5. 하나님이 니느웨를 무너뜨리지 않겠다고 하시자 요나의 기분은 어떠했나요? 화가 났다

넷 — 성경의 초점

가장 중요한 질문을 하나 더 할게요. '성경의 초점' 질문이에요. **"하나님은 어떤 분이신가요?"** 아이들의 대답을 기다린다. 네, 맞아요. **"하나님은 불쌍히 여기시며, 사랑이 많으신 분이에요."** 니느웨 사람들은 죄 때문에 벌을 받아 마땅했지만 하나님은 그들을 불쌍히 여기시고 사랑을 베푸셨어요. 우리도 죄 때문에 벌을 받아 마땅한 사람들이지만 하나님은 예수님을 보내 우리를 불쌍히 여기시고 사랑을 베풀어 주셨어요. 예수님은 우리를 죄에서 구하려고 죽으시고 다시 살아나셨어요.

다섯 — 복음 초청

성경과 90쪽 복음 초청 가이드를 이용해서 아이들에게 그리스도인이 되는 법을 설명해 준다. 따로 상담해 줄 사람을 정해 주고 궁금한 점이 있으면 물어보도록 격려한다.

이 시간 예수님을 마음에 모시고 싶은 친구는 함께 기도해요.

여섯 — 기도

하나님, 하나님이 사랑의 하나님이셔서 감사해요. 이스라엘 백성을 괴롭혔던 니느웨 사람들도 불쌍히 여기셔서 죄로부터 돌아서서 하나님께 나아오면 용서해 주고 싶으셨던 하나님, 정말 감사해요. 우리의 죄를 없애기 위해 보내 주신 구원자 예수님을 믿기만 하면 모든 죄를 용서해 주심을 믿고 감사드려요. 우리가 하나님의 사랑으로 친구들을 불쌍히 여기고 사랑하며 살 수 있도록 도와주세요. 예수님의 이름으로 기도합니다. 아멘.

일곱 — 암송송

암송송(160쪽)에 맞추어 손유희를 하며 말씀을 익힌다.

"너희는 옷을 찢지 말고 마음을 찢고 너희 하나님 여호와께로 돌아올지어다 그는 은혜로우시며 자비로우시며 노하기를 더디 하시며 인애가 크시사 뜻을 돌이켜 재앙을 내리지 아니하시나니"(욜 2:13).

tip 전체 구절 암송이 어려운 경우에는 표시 부분을 발췌해 외워도 좋다.

가스펠
소그룹

알콩달콩 😀 말씀 놀이

요나가 바다에 빠졌어요!

이야기 나누기

- 요나는 왜 바다에 빠졌나요?
- 큰 물고기 배 속에서 요나는 하나님께 어떤 기도를 드렸나요?
- 니느웨 백성을 향한 하나님의 마음은 어떠했나요?
- 얄미운 사람들에게도 복음을 전해야 할까요?

❶ 유치부 교재 35쪽의 '바다 배경'과 33쪽 '요나 인형', '큰 물고기 인형'을 떼어 준비하세요.

❷ '바다 배경' 위에 셀로판지를 덮고 위아래를 고정하세요.

❸ '바다 배경'과 셀로판지 사이에 '요나 인형'과 '큰 물고기 인형'을 끼워 움직이면서 '요나 이야기'를 꾸며 보세요.

인도자 하나님은 요나에게 적들에게 가서 죄를 그만 지으라고 말하라고 하셨어요. 요나는 싫어서 도망가다가 바다에 빠지게 되었어요. 하지만 사랑의 하나님이 큰 물고기를 통해 요나를 구해 주셨어요. 다시 살아난 요나는 하나님께 순종했지요.

니느웨 사람들이 용서를 구하자, **하나님은 니느웨 사람들을 불쌍히 여기시고** 용서해 주셨어요. 하나님은 언제나 자비로우셔서 모든 사람을 살리고 싶어 하세요. 그래서 먼 훗날 하나님은 하나님의 아들 예수님을 보내 하나님의 적들에게 죄를 그만 지으라고 말하라고 하셨어요. 요나와 달리 예수님은 하나님께 순종하고 싶어 하셨어요. 예수님은 우리를 죄에서 구하려고 십자가에서 죽으셨어요.

물고기 배 속에서 기도해요 ＊

❶ 훌라후프 2개를 파란색 비닐로 이어 투명 터널을 만든다.

❷ 파란색 비닐에 다양한 시트지와 유성 사인펜을 이용해 물고기처럼 꾸며 준비해 둔다.

❸ 아이들을 한 줄로 세운 뒤 차례대로 세워 놓은 훌라후프 입구로 들여보낸다. 물고기 배 속에 들어간 요나가 되어 하나님께 감사 기도를 드린 후 반대편으로 나오도록 지도한다.

인도자 **하나님은 불쌍히 여기시며, 사랑이 많으신 분이에요.** 이스라엘 백성이 미워하는 니

느웨 사람들을 불쌍히 여기시고 사랑해 주셨어요. 그래서 요나에게 죄를 짓지 말라는 말을 전하게 하셨어요. 하지만 불순종한 요나는 도망가다가 바다에 빠지게 되었어요. 하나님은 큰 물고기를 보내 요나를 살려 주셨어요. 요나는 물고기 배 속에서 하나님의 큰 사랑을 깨닫고 감사 기도를 드렸어요. 우리도 구원자 예수님을 보내 주신 하나님의 큰 사랑을 알고 감사드려요.

콜라주를 만들어요 ✱

❶ 아이들에게 잡지를 나누어 주고 '사람' 그림이나 사진만 골라 오린 후 색도화지에 붙이라고 한다.
　　tip 연령대가 낮은 경우 미리 잘라 준비해 둔다.

❷ 아이들이 콜라주를 만드는 동안, 그림이나 사진을 통해 알 수 있는 사람의 공통점과 차이점 등을 알려 준다. 하나님은 하나님의 영광을 위해 모든 사람을 다르게 만드셨다고 말해 준다.

❸ 완성된 콜라주에 '성경의 초점' 답(하나님은 불쌍히 여기시며, 사랑이 많으신 분이에요)을 써 준다.

　　인도자 하나님은 정말 대단한 분이세요! 이렇게 다양한 사람을 만드시고, 아끼고 돌보시니 말이에요. 요나는 니느웨 사람들을 사랑하지 않았지만, 하나님은 그들까지도 사랑하셨어요. **하나님은 니느웨 사람들을 불쌍히 여기셨어요.** 하나님은 모든 사람이 죄에서 돌아서서 예수님을 믿고 의지하기를 바라세요. 우리도 모든 사람을 사랑하고, 하나님이 예수님을 그들의 구원자로 보내셨다는 사실을 말해 주어야 해요.

종이 접시 물고기를 만들어요 ✱

❶ 두 개의 종이접시 A, B를 포개어 약 4분의 1 정도 부채꼴로 잘라 내 물고기 입을 만든다.

❷ 접시 A의 물고기 입 반대편에 타원형의 구멍을 잘라 내고, 모형 눈을 붙인다.
　　tip 커터칼로 타원형의 구멍을 내는 것은 교사가 도와준다.

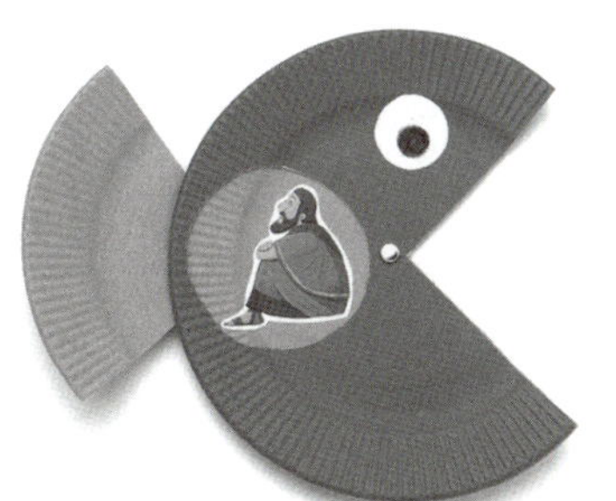

❸ 접시 B의 뒷부분의 가장자리에 ❶에서 오려 낸 부채꼴을 붙여 꼬리를 만든다.

❹ 접시 B의 물고기 입 반대편에 '요나' 그림을 붙인다.

❺ 접시 A와 접시 B를 다시 포갠 뒤 정가운데에 할핀을 꽂아 고정시키고, 접시 B의 꼬리를 움직여 타원형의 구멍을 통해 요나가 보였다 안 보였다 하게 조작해 보도록 한다.

　　인도자 하나님은 큰 물고기를 보내 요나를 구해 주셨고, 요나가 회개하자 용서해 주셨어요.

하나님은 회개한 니느웨 사람들도 용서해 주셨어요. 하나님은 예수님을 보내 죄를 그만 지으라고 말하게 하셨고, 예수님을 믿고 회개한 사람들을 용서해 주세요.

소곤소곤 꿀~꺽 간식

준비물 ▶ 물고기 모양의 간식

❶ 카운트다운 영상, 정리하기 노래 등을 활용해 활동이 끝났음을 알린다. 아이들에게 주변을 정리하게 하고, 화장실에 가거나 물티슈 등을 이용해 손을 씻을 시간을 준다.

❷ 감사 기도를 드리고 물고기 모양의 간식을 나누어 준다. 하나님이 하나님께 불순종해 도망가던 요나 선지자를 큰 물고기를 보내 구해 주시고 용서하신 오늘의 성경 이야기를 간략하게 떠올려 준다.

❸ 간식을 먹은 후 마무리 정리를 잘하도록 지도한다.

오순도순 마무리

준비물 ▶ 유치부 교재 45쪽 메시지 카드, 소그룹 활동지, 파일

❶ 이번 주 메시지 카드로 부모님과 함께 오늘 배운 성경 이야기를 나누어 보라고 한다.

가족과 활동해요

• 다른 문화를 인정하는 법을 배워 보아요. 민족적 특색이 강한 식당에서 식사하거나 식료품점을 들러 보세요. 국제적인 축제에 참석해 보세요.
• 외국어로 드리는 예배에 참석해 보세요.

❷ 소그룹 활동지를 떼어 파일에 끼우고 가방에 정리하게 한다.

❸ 아이들을 위해 기도한다.

> 인도자 하나님, 하나님은 불쌍히 여기시며 사랑이 많으신 분이에요. 하나님은 죄를 버리고 예수님을 따르는 사람들을 속히 용서해 주시지요. 우리가 모든 사람을 사랑하고, 예수님이 우리를 위해 오셨다는 좋은 소식을 전할 수 있도록 도와주세요. 예수님의 이름으로 기도합니다. 아멘.

❹ 아이를 데리러 온 부모에게 아이가 특별히 즐거워했거나 잘했던 활동들에 대해 이야기해 주고, 가정에서 성경 읽기와 가족 활동을 진행할 수 있도록 격려한다.

 **나만의 기록장**

나를 힘들게 하는 친구들도 사랑하시는 예수님의 사랑의 십자가와 하트 그리기

9

하나님이
요엘을 통해
남 유다에
사랑을 전하셨어요

주제　　하나님이 하나님의 백성에게 회개하라고 경고하셨어요.

예수님 생각하기　요엘은 하나님이 적들을 심판하시고, 자기 백성을 풀어 주시며, 온 세상을 다시 바로잡으시는 날이 올 것이라고 경고했어요. 예수님은 사람들을 죄에서 구하기 위해 죽으셨어요. 예수님을 믿고 의지하는 사람은 안전해요.

단원 암송　　욜 2:13

성경의 초점　　하나님은 어떤 분이신가요?
하나님은 불쌍히 여기시며, 사랑이 많으신 분이에요.

요엘 선지자가 하나님의 말씀을 전하던 때, 남 유다 왕국은 위기에 직면해 있었습니다. 메뚜기 떼의 습격을 받아 땅이 황폐해졌고, 모든 풀과 나무는 죽어 버렸습니다. 게다가 심한 가뭄까지 찾아와 큰 타격을 받았습니다.

요엘은 이 사건들을 돌아보면서 이것은 단순한 자연재해가 아니라 죄를 지은 하나님의 백성이 심판받는 것이라고 선포했습니다.

신명기 28장에서 하나님은 모세를 통해 이렇게 말씀하셨습니다. "네가 만일 네 하나님 여호와의 말씀을 순종하지 아니하여 내가 오늘 네게 명령하는 그의 모든 명령과 규례를 지켜 행하지 아니하면 이 모든 저주가 네게 임하며 네게 이를 것이니"(신 28:15). "네가 많은 종자를 들에 뿌릴지라도 메뚜기가 먹으므로 거둘 것이 적을 것이며"(신 28:38). 이 말씀들에 예언된 일들이 그대로 일어난 것입니다.

이 재앙들은 남 유다를 향한 하나님의 경고였습니다. 요엘은 백성에게 회개하고 금식하라고 말했습니다. 함께 모여 회개하고 하나님께 부르짖으며 자비를 구하라고 말했습니다. 요엘은 앞날을 바라보았습니다. 그는 한마디로 이렇게 말했습니다. "지금 처지가 나쁜 것 같습니까? 이제 시작일 뿐입니다!"

남 유다에 대한 하나님의 심판은 끝나지 않았습니다. 여호와의 크고 두려운 날이 다가오고 있었습니다. 그날에 하나님은 쳐들어오는 군대를 통해 자신의 능력을 보이실 것입니다.

하나님과 올바른 관계에 있지 않은 사람들에게 이것은 나쁜 소식이었습니다. 하나님의 능력이 그들과 맞서 싸울 것이기 때문입니다. 그래서 요엘은 백성에게 애원했습니다. "너희는 옷을 찢지 말고 마음을 찢고 너희 하나님 여호와께로 돌아올지어다 그는 은혜로우시며 자비로우시며 노하기를 더디 하시며 인애가 크시사 뜻을 돌이켜 재앙을 내리지 아니하시나니"(욜 2:13).

●● 티칭 포인트

아이들에게 하나님은 하나님의 백성을 불쌍히 여겨 그들을 회복시키기 원하시고, 자기 백성을 벌하기보다 용서하고 싶어 하는 분이심을 설명해 주십시오. 하나님은 사람들이 하나님과 바른 관계를 맺을 수 있게 하시려고 아들이신 예수님을 보내 죽음으로 우리의 죗값을 치르게 하셨습니다.

여호와의 날이 다가오고 있으며, 누구든지 주의 이름을 부르는 자는 구원을 얻는다는 것을 아이들에게 전해 주십시오.

하나님이 요엘을 통해 남 유다에 사랑을 전하셨어요

욜 1~3장

하나님은 선지자 요엘에게 남 유다에 있는 하나님의 백성에게 전할 말씀을 주셨어요. 남 유다에는 좋지 않은 일이 있었어요. 오랫동안 비가 오지 않아 심한 가뭄이 찾아왔지요. 이 가뭄은 사람들이 하나님을 모른 체하고 하나님의 명령에 순종하지 않았기 때문에 생긴 것이었어요.

오래전 하나님은 하나님께 순종하지 않을 때 어떤 일이 일어날지를 백성에게 경고하셨어요. "너희가 들판에 씨를 뿌려도 메뚜기들이 식물을 다 먹어 치울 것이다." 유다 백성이 하나님께 불순종하자 정말 메뚜기 떼가 날아와 곡식을 다 먹어 치워 버렸어요. 메뚜기 한 떼가 지나가면 또 다른 메뚜기 떼가 날아왔어요. 메뚜기들 때문에 포도나무와 사과나무와 밭의 모든 나무가 말라 죽었어요.

요엘은 "여러분이 사는 동안 이런 일이 일어난 적이 있습니까?"라고 물었어요. 이렇게 수많은 메뚜기 떼가 남 유다 땅을 뒤덮은 적은 한 번도 없었어요. 하나님이 다른 곳으로 메뚜기 떼를 보내신 적은 있었지요. 유다 백성 중 어떤 사람들은 하나님의 백성이 이집트에 살던 때의 이야기를 기억했을지도 몰라요. 아주 오래전 모세가 하나님의 백성을 이집트에서 데리고 나올 때 하나님은 이집트 사람들의 죄를 벌하시기 위해 메뚜기 떼를 보내셨지요. 이제 하나님은 메뚜기 떼를 보내 남 유다 백성의 죄를 벌하셨어요.

요엘이 말했어요. "하나님께 용서를 구하십시오. 모든 백성이 한자리에 모여 하나님께 부르짖으십시오. 하나님이 영원히 죄를 벌하실 날인 여호와의 날이 다가오고 있습니다! 그날은 심판의 날로서, 끔찍한 날이 될 것입니다!" 요엘은 하나님이 강한 군대를 보내 남 유다 땅을 공격하게 하실 것이라고 말했어요. 모든 사람이 두려움에 떨고, 아무도 견뎌 내지 못할 거예요.

요엘은 "죄악된 일들을 이제 그만하고 마음을 돌이켜 하나님께 돌아오십시오! 하나님은 여러분을 사랑하십니다. 은혜로우신 하나님은 여러분을 벌하시기보다 용서하고 싶어 하십니다"라고 말했어요.

이제 요엘은 기쁜 소식을 전해 주었어요. 앞날에 대한 희망이었어요. 언젠가 하나님이 비를 내리셔서 풀과 나무가 다시 자라게 하실 것이며, 동물들이 물을 마시게 될 것이라고 말했어요.

하나님은 이렇게 말씀하셨어요. "내가 모든 사람 위에 내 영을 부어 주겠다. 나 여호와의 이름을 부르는 사람은 누구나 구원을 받을 것이다. 내가 내 백성을 회복시켜 주겠다. 그러나 마지막 심판의 날이 다가오고 있다. 나를 떠난 자를 심판하고, 내 백성의 적들에게 벌을 주겠다. 너희는 내가 너희 하나님인 것을 알게 될 것이다. 나는 죄 짓기를 그만두는 자를 용서하며, 내 백성과 영원히 함께할 것이다."

●● **예수님 생각하기**

요엘은 하나님이 적들을 심판하시고, 자기 백성을 풀어 주시며, 온 세상을 다시 바로 잡으시는 날이 올 것이라고 경고했어요. 예수님은 사람들을 죄에서 구하기 위해 죽으셨어요. 예수님을 믿고 의지하는 사람은 안전해요.

가스펠 준비

싱글벙글 😊 환영해요

"절대 포기하지 않으시죠"(지도자용 팩)를 배경음악으로 튼다. 아이들을 반갑게 맞이하며 헌금과 기도를 도와준다. 예배 중 헌금 순서가 있다면 아이들이 헌금을 잘 간수하도록 돕는다. 가방과 외투를 정리하도록 안내한다. 새로 온 아이가 있다면 음수대와 화장실의 위치를 알려 주고, 보호자와 만나는 시간과 방법 등을 소개한다. 보호자들을 위한 안내문을 붙여 아이와 만나는 시간, 기다리는 장소, 헌금 방법, 아이에 대한 특별한 주의 사항을 교사에게 미리 알려 주기 등을 공지한다.

너랑 나랑 😊 마음 열기

주제와 관련 있는 퍼즐이나 블록 등 아이들이 좋아하는 장난감을 몇 가지 비치해 두고 다양한 활동을 하며 예배를 준비하도록 돕는다. 아이들이 마음을 열고 오늘의 주제에 관심을 갖게 하며 예배에 집중할 수 있도록 도와준다. 교회 형편에 맞게 시간과 활동 방법을 조절한다.

내 마음이 어떤지 맞혀 봐요! *

❶ 인도자가 아이들 앞에서 다양한 감정을 표현하면 아이들이 어떤 감정인지 맞혀 보는 활동이라고 설명해 준다.
예) '화가 남', '웃김', '슬픔', '기쁨', '걱정', '피곤함', '놀람', '무서움', '심술궂음' 등.

❷ 자원하는 아이가 있다면 앞으로 나오게 해 인도자의 역할을 맡겨 활동을 반복한다.

> **인도자** 오늘의 성경 이야기에서 하나님의 선지자 요엘은 남 유다 백성에게 슬퍼하라고 말했어요. 사실은 함께 모여 하나님께 울부짖으라고 말했지요. 요엘이 왜 그런 말을 했는지 잠시 후에 함께 알아보기로 해요.

짝 맞추기 게임을 해요 ✱

❶ 유치부 교재 47쪽 '경고 표지판 카드'를 떼어 섞은 후 그림이 위로 오게 펼쳐 둔다.

❷ 카드 한 장 한 장을 소개하며 설명한 뒤 격자 모양이 되도록 뒤집어 놓는다.

　　tip 연령대가 낮은 경우 카드를 뒤집지 않고 그림이 보이는 상태로 놓아 둔다.

❸ 자원하는 아이들 3명을 앞으로 나오게 한 뒤 한 번에 카드를 두 장씩 뒤집게 하고, 짝을 맞춘 아이에게는 한 번의 기회를 더 준다.

❹ 모든 짝을 다 맞출 때까지 계속한다.

> **인도자** 경고 표지판은 사람들의 주의를 끌어 "위험해요!"라고 경고하는 일을 해요. 하나님은 하나님의 백성에게 죄를 그만 짓고 하나님께 순종하라고 경고하셨어요. 하나님은 사람들의 관심을 끌기 위해 어떤 일들이 일어나게 하셨어요. 요엘이라는 선지자를 보내 하나님이 죄를 심판하실 날이 다가오고 있다고 경고하기도 하셨지요. 하나님이 요엘을 통해 하신 말씀이 과연 무엇이었는지 오늘의 성경 이야기를 잘 들어 보아요.

 **예배 대형으로 모이기**

- 카운트다운 영상, 모이기 노래 등을 활용해 예배 대형으로 바꾸고 마음을 준비하게 한다.
- 공간을 이동해야 한다면 메뚜기처럼 폴짝폴짝 뛰면서 가도록 한다.

가스펠 설교

하나 — 들어가기

아이들에게 '메뚜기' 사진(지도자용 팩)을 보여 준다.

오늘의 성경 이야기에 나오는 메뚜기는 평소 우리가 보는 메뚜기와는 좀 달라요. 이 메뚜기들은 큰 무리를 지어 다니며 눈에 보이는 풀이나 나무를 모두 갉아먹는 메뚜기들이랍니다! 오늘의 성경 이야기에서 요엘 선지자는 왜 유다에 메뚜기 떼가 나타났는지 그 이유를 말해 주었어요. 함께 들어 볼까요?

둘 — 성경 이야기

요엘 1~3장을 편다. 설교 영상(지도자용 팩)을 보여 주거나 이야기 성경을 들려준다.

성경에는 하나님의 말씀이 들어 있고, 하나님의 말씀은 모두 진짜예요. 성경을 보면 하나님이 어떤 분이신지 알 수 있어요. 오늘의 성경 이야기는 '요엘서'에 나온답니다.

셋 — 메시지와 정리

하나님은 하나님의 백성에게 회개하라고 경고하셨어요. '회개'란 죄에서 돌아서는 거예요. 요엘은 하나님이 적들을 심판하시고, 자기 백성을 풀어 주시며, 온 세상을 다시 바로잡으시는 날이 올 것이라고 경고했어요. 예수님은 사람들을 죄에서 구하기 위해 죽으셨어요. 예수님을 믿고 의지하는 사람은 안전해요.

연대표(지도자용 팩)를 가리키면서 복습 질문을 한다.

1. 오늘의 성경 이야기에서 남 유다 백성은 하나님께 순종했나요? 아니다
2. 하나님은 무엇을 보내 풀과 나무를 먹어 치우게 하셨나요? 메뚜기 떼
3. 요엘은 하나님이 무엇을 보내 남 유다를 공격하게 하실 것이라고 말했나요? 강한 군대
4. 요엘이 백성에게 전한 기쁜 소식은 무엇인가요? 백성이 회개하면 하나님이 식물들이 다시 자라게 하실 것이고, 하나님의 백성을 구해 다시 돌아오게 하실 것이다

넷 — 성경의 초점

'성경의 초점'을 기억하고 있나요? **"하나님은 어떤 분이신가요?"**, **"하나님은 불쌍히 여기시며, 사랑이 많으신 분이에요."** 하나님은 자기 백성을 사랑하셨어요. 그들을 벌하시지 않고, 용서하고 싶어 하셨지요. 그래서 백성에게 요엘을 보내 회개하라고 경고하셨어요. 하나님은 우리를 사랑하세요. 우리를 죄에서 구하려고 예수님을 보내셨지요. 예수님은 사람들을 죄에서 구하기 위해 죽으셨어요. 예수님을 믿고 의지하는 사람은 안전해요.

다섯 — 복음 초청

성경과 90쪽 복음 초청 가이드를 이용해서 아이들에게 그리스도인이 되는 법을 설명해 준다. 따로 상담해 줄 사람을 정해 주고 궁금한 점이 있으면 물어보도록 격려한다.

이 시간 예수님을 마음에 모시고 싶은 친구는 함께 기도해요.

여섯 — 기도

이스라엘 백성을 하나님께 돌아오게 하시기 위해 메뚜기 떼를 보내신 사랑의 하나님, 하나님은 언제나 우리를 벌하지 않으시고, 죄를 용서해 주고 싶어 하세요. 감사해요. 우리는 하나님이 우리를 사랑하셔서서 죄를 없애 주기 위해 예수님을 보내 주시고, 예수님을 믿기만 하면 모든 죄를 용서해 주시고, 죽지 않고 영원히 살게 해 주셨음을 믿어요. 앞으로 더욱 예수님을 의지하며 하나님의 말씀대로 살아갈 수 있도록 도와주세요. 예수님의 이름으로 기도합니다. 아멘.

일곱 — 암송송

성경에서 요엘 2장 13절을 펴고 큰 소리로 여러 번 따라 읽게 한다.

우리가 그동안 외웠던 2단원 암송 구절은 바로 오늘의 성경 이야기에 나오는 말씀이에요. 요엘이 남 유다 백성에게 했던 말이지요. 이 말씀은 우리를 위한 것이기도 해요. 하나님은 우리가 죄를 회개하고 예수님을 믿고 의지하면 우리를 용서하세요.

암송송(160쪽)에 맞추어 손유희를 하며 말씀을 익힌다.

"너희는 옷을 찢지 말고 마음을 찢고 너희 하나님 여호와께로 돌아올지어다 그는 은혜로우시며 자비로우시며 노하기를 더디 하시며 인애가 크시사 뜻을 돌이켜 재앙을 내리지 아니하시나니"(욜 2:13).

tip 전체 구절 암송이 어려운 경우에는 표시 부분을 발췌해 외워도 좋다.

알콩달콩 말씀 놀이

하나님께로 돌아가요!

❶ 하나님이 남 유다 백성에게 메뚜기 떼를 보내신 이유에 대해 아이들이 서로 이야기를 나누어 보게 한다.

❷ 아이들에게 메뚜기 떼가 무슨 말을 전하고 있는 것 같다면서, 말풍선에 적힌 흐린 글씨를 따라 쓰면서 메뚜기들이 전하는 메시지를 읽어 보라고 한다.

tip 연령대가 낮아 글씨 쓰기를 어려워하는 아이가 있다면 일부 단어만 따라 쓰게 하거나 교사가 읽어 준다.

인도자 메뚜기 떼가 나타나 남 유다의 식물들을 다 먹어 치워 버렸어요. 하나님은 이 일이 **하나님이 하나님의 백성에게 회개하라고 경고하신 것**이라고 요엘 선지자를 통해서 말씀하셨어요. 하나님을 떠나서 하나님의 말씀대로 살지 않은 죄로부터 돌아서서 다시 하나님의 말씀에 순종하라고 말씀하신 것이었어요. 만약 하나님께로 다시 돌아오면 그들을 벌하지 않고 용서할 것이라고도 말씀하셨어요.

이처럼 하나님은 우리를 사랑하시고 우리의 죄를 용서하고 싶어 하세요. 우리의 죄를 없애 주시려고 십자가에서 죽으신 예수님을 믿고 의지하는 사람은 누구나 죄를 용서받을 수 있어요. 예수님을 믿고 의지하는 사람은 안전해요.

메뚜기처럼 폴짝폴짝 뛰어요! ＊ 준비물 ▶ 찬양

❶ 찬양에 맞춰 메뚜기처럼 폴짝폴짝 뛰어 보라고 한다.

❷ 인도자가 찬양을 잠시 멈추면 아이들은 뛰기를 멈추고 메뚜기처럼 웅크리고 앉아 있어야 한다고 말해 준다.

❸ 찬양을 여러 번 반복하고, 다양한 방법으로 뛰게 한다.

　예) 제자리에서, 돌아다니면서, 크게, 작게, 다리를 벌리면서, 다리를 오므리면서 등.

인도자 메뚜기처럼 폴짝폴짝 뛰어 보니 어떠했나요? 참 재미있었지요? 하지만 남 유다 백성은 재밌지 않았어요. 메뚜기 떼가 나타나 풀과 나무를 다 먹어 버렸기 때문이에요. **하나님은 하나님의 백성에게 회개하라고 경고하셨어요.** '회개'란 죄에서 돌아서는 거예요. 요엘은 하나님이 적들을 심판하시고, 자기 백성을 풀어 주시며, 온 세상을 다시 바로잡으시는 날이 올 것이라고 경고했어요. 예수님은 사람들을 죄에서 구하기 위해 죽으셨어요. 예수님을 믿고 의지하는 사람은 안전해요.

경고 표지판 카드를 분류해요 ＊ 준비물 ▶ 유치부 교재 47쪽 '경고 표지판 카드'

❶ 유치부 교재 47쪽 '경고 표지판 카드'를 떼어 아이들이 다양한 주제로 분류해 볼 수 있도록 한다.

　예) 빨강/노랑/검정, 세모/네모/그 외, 그림/글자 등.

인도자 경고 표지판은 사람들에게 앞에 위험이 있다고 알려 주는 역할을 해요. **하나님은 하나님의 백성에게 회개하라고 경고하셨어요.** 하나님은 하나님의 백성에게 요엘을 보내 죄에서 돌아서지 않으면 그들 앞에 위험이 기다리고 있을 것이라고 경고하셨어요. 요엘은 하나님이 적들을 심판하시고, 자기 백성을 풀어 주시며, 온 세상을 다시 바로잡으시는 날이 올 것이라고 경고했어요. 예수님은 사람들을 죄에서 구하기 위해 죽으셨어요. 예수님을 믿고 의지하는 사람은 안전해요.

마른 콩을 가지고 놀아요 ✱

❶ 넓은 플라스틱 통에 10cm 정도 깊이로 마른 콩을 채워 둔다.

❷ 마른 콩 사이에 곤충 모형을 숨겨 놓고 아이들에게 찾아보라고 한다.

❸ 모래 놀이 도구와 계량 도구를 나누어 주어 마른 콩을 퍼 보고, 부어 보고, 계량하며 놀이할 수 있도록 지도한다.

인도자 **하나님은 하나님의 백성에게 회개하라고 경고하셨어요.** 남 유다의 곡식은 물이 없어 말라 죽거나 메뚜기 떼가 먹었어요. 하지만 어느 날 하나님은 비를 보내 식물들이 다시 자라게 하실 거예요. 하나님은 이렇게 말씀하셨어요. "나 여호와의 이름을 부르는 사람은 누구나 구원을 받을 것이다. 내가 내 백성을 회복시켜 주겠다." 하나님은 우리를 사랑하시고, 우리의 죄를 용서하고 싶어 하세요. 하나님은 사람들을 죄에서 구하려고 예수님을 보내셨어요. 예수님은 사람들을 죄에서 구하기 위해 죽으셨어요. 예수님을 믿고 의지하는 사람은 안전해요.

달력을 꾸며요 ✱

❶ 달력 윗부분에 해당되는 월을 쓰게 한 후 손으로 요일을 가리키며 다 함께 읽어 본다.

❷ 아이들에게 날짜를 써 넣으라고 한다.

　　tip 교사가 미리 만들어 둔 달력을 보여 주면 좋다.

❸ 오늘 날짜에 ○표 하고, 이미 지나간 날에는 선을 그어 표시하라고 한다.

❹ 해당 월에 주일과 공휴일, 가족과 친구들의 생일 등을 각자 원하는 모양으로 표시할 수 있도록 지도한다.

　　tip 연령대가 낮은 경우 미리 달력의 숫자를 채워 두고 아이들은 달력을 꾸미게 한다.

인도자 달력은 중요한 날을 기억하도록 돕는 역할을 해요. 오늘의 성경 이야기에서 요엘 선지자는 어느 달력에도 없는 한 날에 대해 이야기했어요. 바로 예수님이 이 세상에 다시 오시는 '여호와의 날'이에요. 여호와의 날이 되면 하나님이 죄를 완전히 벌하시고, 하나님의 백성과 영원히 함께하실 거예요. 사람들을 죄에서 구하기 위해 죽으시고 다시 사신 예수님을 믿고 의지하는 사람은 죽지 않고 살아서 안전해요.

간식

❶ 카운트다운 영상, 정리하기 노래 등을 활용해 활동이 끝났음을 알린다. 아이들에게 주변을 정리하게 하고, 화장실에 가거나 물티슈 등을 이용해 손을 씻을 시간을 준다.

❷ 감사 기도를 드리고 포도나 사과를 간식으로 나누어 준다. 오늘의 성경 이야기에서 남 유다 백성이 하나님께 불순종하자 하나님이 메뚜기 떼를 보내셨던 일에 대해 간략하게 떠올려 준다. 당시 남 유다 백성은 메뚜기들 때문에 포도나무와 사과나무 등 모든 나무가 말라 죽어 먹을 것이 없었지만 우리는 지금 싱싱한 과일을 맛있게 먹고 있다고 말해 주고, 맛있는 과일을 먹을 때마다 하나님께 감사하자고 이야기한다.

❸ 간식을 먹은 후 마무리 정리를 잘하도록 지도한다.

마무리

❶ 이번 주 메시지 카드로 부모님과 함께 오늘 배운 성경 이야기를 나누어 보라고 한다.

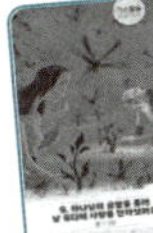

가족과 활동해요

• 해시계를 만드는 법을 인터넷으로 찾아 아이들과 함께 만들어 보세요. 어떤 일이 일어나는 데 걸리는 시간을 해시계로 재 보세요. 예수님이 다시 오시기를 열망하는 이유를 아이들에게 이야기해 주세요.

❷ 소그룹 활동지를 떼어 파일에 끼우고 가방에 정리하게 한다.

❸ 아이들을 위해 기도한다.

> **인도자** 하나님, 죄인인 우리는 하나님이 하지 말라고 하신 일을 하고, 하나님이 하라고 하신 일을 하지 않아요. 예수님을 믿고 의지할 때 우리의 죄를 용서해 주셔서 감사드려요. 하나님께 순종할 수 있게 도와주세요. 예수님의 이름으로 기도합니다. 아멘.

❹ 아이를 데리러 온 부모에게 아이가 특별히 즐거워했거나 잘했던 활동들에 대해 이야기해 주고, 가정에서 성경 읽기와 가족 활동을 진행할 수 있도록 격려한다.

나만의 기록장

'예수님과 함께라면 안전해요!'라고 쓴 안전 표지판 그리기

3단원

새롭게 하시는 하나님

하나님은 예레미야를 통해 죄를 영원히 용서받는 새 언약에 대해 백성에게 말하게 하셨습니다. 계속해서 죄에 빠져 있던 남 유다 백성은 결국 고국을 떠나 포로 생활을 하게 되었습니다. 포로 생활 중에 하나님은 에스겔을 통해 예수님이 오실 것이며 사람들이 새 생명을 얻게 될 것이라고 예언하게 하셨습니다.

하나님이
예레미야를
부르셨어요

예레미야가
새 언약에 대해
예언했어요

에스겔이
앞날의 소망을
이야기했어요

남 유다 백성이
포로로
잡혀갔어요

복도에서

카운트다운 영상(지도자용 팩)은 예배 대형으로 모이거나 대형을 바꾸며 준비할 시간을 알리는 데 활용한다. 익숙해질 때까지 중간에 남은 시간을 알리는 것도 좋다.
예) "1분 전입니다", "30초 전입니다. 마음을 가다듬고 기도하며 하나님께 나아갑시다"등.

"그날 후에 내가 이스라엘 집과 맺을 언약은 이러하니 곧 내가 나의 법을 그들의 속에 두며 그들의 마음에 기록하여 나는 그들의 하나님이 되고 그들은 내 백성이 될 것이라 여호와의 말씀이니라"(렘 31:33).

예레미야 31:33

작곡 : W.A.Mozart
편곡 : 김효정

10 하나님이 예레미야를 부르셨어요

[렘 1장]

주제	하나님이 예레미야에게 하나님의 말씀을 전하게 하셨어요.
예수님 생각하기	하나님은 예레미야가 태어나기 전부터 그를 사람들에게 하나님의 말씀을 전하는 사람으로 정하셨어요. 마찬가지로 하나님은 오래전부터 하나님의 아들 예수님을 보내 십자가에서 죽게 하심으로 사람들을 위한 하나님의 사랑을 보여 줄 계획을 갖고 계셨어요.
단원 암송	렘 31:33
성경의 초점	우리는 왜 하나님께 순종해야 하나요? 하나님이 우리를 사랑하시기 때문이에요.

"내가 너를 모태에 짓기 전에 너를 알았고 네가 배에서 나오기 전에 너를 성별하였고"(렘 1:5상). 이 말씀은 모든 것을 자신의 뜻대로 이루시는 주권자이자 창조주이신 하나님을 드러냅니다.

또한 이 말씀은 예레미야라는 한 사람에 대한 구체적인 부름으로 끝납니다. "너를 여러 나라의 선지자로 세웠노라."

예레미야는 제사장 힐기야의 아들입니다. 그는 예루살렘 북부에 살았습니다. 하나님이 그를 선지자로 부르시면서 예레미야의 사역이 시작되었습니다. 그 당시 남 유다의 왕은 요시야였습니다.

구약성경의 인물 중 하나님이 부르신 사람은 또 누가 있을까요? 하나님은 노아를 불러 방주를 짓게 하셨습니다(창 6장 참조). 또 아브람을 불러 고향을 떠나라고 하셨습니다(창 12:1~4 참조). 하나님은 모세를 불러 하나님의 백성을 데리고 이집트를 나가라고 하셨습니다(출 3장 참조).

하나님은 누군가를 부르실 때마다 그 일에 맞는 능력을 함께 주셨습니다. 모세처럼 예레미야도 처음에 주저했습니다. "주 여호와여 보소서 나는 아이라 말할 줄을 알지 못하나이다"(렘 1:6). 하나님은 그런 예레미야에게 함께하겠다고 말씀하시며 안심시켜 주셨습니다(렘 1:8 참조).

하나님은 예레미야를 남 유다의 선지자로 부르셨습니다. 남 유다는 우상 숭배를 비롯한 여러 죄에 깊이 빠져 있었습니다. 하나님의 심판이 다가오고 있었습니다. 예레미야의 임무는 그들에게 경고하는 것이었습니다.

하나님은 예레미야에게 두 가지 환상을 보여 주셨습니다. 첫째는 아몬드나무(살구나무, 개역개정) 가지에 대한 환상으로, 하나님이 심판의 약속을 지키실 것이며 곧 이루어질 것이라는 내용이었습니다. 둘째는 끓는 가마솥에 대한 환상으로, 하나님의 심판이 북쪽에서 올 것이라는 의미였습니다. 하나님은 북쪽의 바벨론을 심판의 도구로 사용할 계획을 갖고 계셨습니다. 그런 다음 하나님은 예레미야를 보내 하나님의 말씀을 선포하게 하셨습니다.

●● 티칭 포인트

아이들이 예레미야의 사역과 예수님의 사역을 연결해 생각할 수 있도록 도와주세요. 하나님은 남 유다 백성에게 죄에 대한 심판을 경고하시려고 예레미야를 부르셨습니다. 예수님이 세상에 오신 이유도 사람들을 죄에서 돌이키시기 위해서였습니다. 예수님은 우리에게 죗값으로 받을 벌에 대해 경고하셨을 뿐만 아니라, 우리를 대신해 직접 그 벌을 받으셨습니다.

하나님이 예레미야를 부르셨어요

렘 1장

북 이스라엘이 아시리아에게 멸망되자 남 유다 백성은 두려웠어요. 어느 날 하나님이 제사장 예레미야에게 남 유다 백성을 향해 하나님의 말씀을 전하라고 하셨어요. 처음 예레미야를 부르셨을 때 하나님은 이렇게 말씀하셨어요. "나는 너를 네 어머니의 배 속에서 만들기 전부터 알았다. 네가 태어나기도 전에 네게 특별한 일을 맡기기로 정해 두었다. 너를 여러 나라의 선지자로 세웠다."

하나님의 선지자가 된다는 것은 대단한 일이었어요. 먼저, 하나님의 말씀을 듣고, 그다음으로 여러 곳을 다니며 사람들에게 하나님의 말씀을 전해야 했지요.

예레미야는 "아닙니다. 하나님, 저는 말을 잘할 줄 모릅니다. 이 일을 하기에 저는 아직 어립니다"라고 말했어요. 그러자 하나님이 말씀하셨어요. "너는 아직 어리다고 말하지 마라. 네가 어디로 가야 할지, 무슨 말을 해야 할지 내가 말해 주겠다. 두려워하지 마라. 내가 너와 함께하며 지켜 주겠다."

그런 다음 하나님은 예레미야의 입에 손을 대고 말씀하셨어요. "네가 전할 말을 주겠다. 그것은 남 유다에게 전할 나쁜 소식이다. 그들은 내게 불순종하고 죄악을 많이 저질렀기 때문에 벌을 받을 것이다. 하지만 좋은 소식도 있다. 그들이 벌을 다 받고 나면 내가 그들을 도울 것이다. 그들을 다시 강하게 할 것이다."

하나님은 예레미야에게 두 가지 환상을 보여 주셨어요. '환상'이란 깨어 있는데도 꿈꾸는 것같이 무언가 보이는 거예요. 하나님은 말로 설명하는 대신 그림으로 보여 주셨어요.

먼저, 예레미야는 아몬드나무(살구나무) 가지를 보았어요. 하나님은 자신이 한 말을 지켜 그대로 이룰 것이라는 뜻이라고 설명해 주셨어요.

다음으로, 예레미야는 끓는 가마솥을 보았어요. 가마솥이 남 유다를 향해 기울어져 있었어요! 이 환상은 남 유다의 모든 사람에게 큰일이 닥칠 것이라는 뜻이었어요.

하나님은 앞으로 일어날 일을 예레미야에게 알려 주셨어요. 다른 나라의 통치자들이 예루살렘 성문 앞에 각자 자리를 정하고는 남 유다의 모든 도시를 공격할 것이었어요. 그것은 남 유다 백성이 하나님께 불순종한 일에 대한 하나님의 벌이었어요. 남 유다 백성은 더 이상 하나님을 사랑하지 않았어요. 자기들이 만들어 낸 가짜 신을 섬겼지요.

하나님은 예레미야에게 중요한 일을 맡기셨어요. 예레미야는 할 일이 많았지요. "예레미야야, 준비하라! 너는 남 유다 백성에게 가서 내가 하는 말을 모두 전하라. 그들 때문에 두려워하지 않도록 내가 도와주겠다. 사람들이 너와 맞서 싸우더라도 너를 이기지 못할 것이다. 내가 너를 보살피고 안전하게 지켜 줄 것이기 때문이다."

●● 예수님 생각하기

하나님은 예레미야가 태어나기 전부터 그를 사람들에게 하나님의 말씀을 전하는 사람으로 정하셨어요. 마찬가지로 하나님은 오래전부터 하나님의 아들 예수님을 보내 십자가에서 죽게 하심으로 사람들을 위한 하나님의 사랑을 보여 줄 계획을 갖고 계셨어요.

가스펠 준비

싱글벙글  **환영해요**

"하나님의 새 약속"(지도자용 팩)을 배경음악으로 튼다. 아이들을 반갑게 맞이하며 헌금과 기도를 도와준다. 예배 중 헌금 순서가 있다면 아이들이 헌금을 잘 간수하도록 돕는다. 가방과 외투를 정리하도록 안내한다. 새로 온 아이가 있다면 음수대와 화장실의 위치를 알려 주고, 보호자와 만나는 시간과 방법 등을 소개한다. 보호자들을 위한 안내문을 붙여 아이와 만나는 시간, 기다리는 장소, 헌금 방법, 아이에 대한 특별한 주의 사항을 교사에게 미리 알려 주기 등을 공지한다.

너랑 나랑  **마음 열기**

주제와 관련 있는 퍼즐이나 블록 등 아이들이 좋아하는 장난감을 몇 가지 비치해 두고 다양한 활동을 하며 예배를 준비하도록 돕는다. 아이들이 마음을 열고 오늘의 주제에 관심을 갖게 하며 예배에 집중할 수 있도록 도와준다. 교회 형편에 맞게 시간과 활동 방법을 조절한다.

"우리 집에 왜 왔니?" 놀이를 해요 ∗

❶ 아이들을 2팀으로 나눈 뒤 각각 예배실 끝에 양옆으로 길게 세운 후 손을 잡고 상대 팀을 마주 보게 한다.

❷ 각 팀의 대표를 뽑아 가위바위보로 공격 팀과 수비 팀을 정한다. 수비 팀부터 시작해 "우리 집에 왜 왔니?" 노래의 한 소절마다 번갈아 상대 팀에게 다가간다.

게임 방식) • "우리 집에 왜 왔니? 왜 왔니? 왜 왔니?" : 수비 팀이 다가간다.

　　　　　• "꽃 찾으러 왔단다! 왔단다! 왔단다!" : 공격 팀이 다가가고 수비 팀이 뒷걸음질한다.

　　　　　• "무슨 꽃을 찾으러 왔느냐? 왔느냐?" : 수비 팀이 다가간다.

　　　　　• "○○(수비 팀 중 한 아이의 이름) 꽃을 찾으러 왔단다! 왔단다!" : 공격 팀이 다가간다.

❸ 노래의 마지막 소절인 "가위바위보"를 부르면서 양 팀 대표끼리 가위바위보를 한다. 만약 공격 팀이 이기면 수비 팀의 ○○를 자기 팀으로 빼앗아 올 수 있고 다시 한 번 공격의 기회가 주어진다. 만약 공격 팀이 지면 수비 팀이 되어 게임을 다시 진행한다.

❹ 시간 여유가 되는 대로 게임을 계속한다.

> **인도자** 상대 팀이 여러분의 이름을 불러 자기 팀으로 오라고 했을 때 기분이 어떠했나요? 오늘의 성경 이야기에서 하나님은 예레미야를 부르셨어요. 아주 특별한 일을 맡기려고 예레미야를 뽑으신 거예요. 이제 하나님이 어떤 일을 맡기셨는지 알아보기로 해요.

이 아기가 누구일까요? ✱   준비물 ▶ 아이들의 아기 때 사진

❶ 활동 전에 부모들에게 아이들의 아기 때 사진을 준비해 오라고 부탁하거나 교회에 보관된 사진 자료를 프린트 해도 좋다는 허락을 받아 둔다.

❷ 사진을 모아 아이들이 볼 수 있도록 게시한다.

❸ 아이들의 사진을 한 장씩 가리키면서 주인공을 맞혀 보는 시간을 갖는다.

> **tip** 아이들의 아기 때 사진을 구하는 것이 쉽지 않다면 인도자와 교사들의 사진을 이용해 활동해도 좋다.

> **인도자** 사진 속의 여러분은 참 작았네요. 이렇게 많이 자랐다니, 놀라워요! 하나님은 여러분 각자를 아주 특별하게 만드셨어요. 혹시 하나님이 여러분을 만드시기 훨씬 전부터 여러분에 대한 모든 것을 알고 계셨다는 사실을 알고 있나요? 하나님은 여러분을 위한 계획을 갖고 계세요. 하나님은 예레미야를 만드시기 전부터 그를 알고 계셨어요. 그리고 예레미야를 위한 계획을 갖고 계셨지요. 오늘의 성경 이야기를 통해 하나님의 계획이 무엇이었는지 함께 알아보기로 해요.

예배 대형으로 모이기

- 카운트다운 영상, 모이기 노래, 불 끄기, 리듬에 맞춰 손뼉 치기 등을 활용해 예배 대형으로 바꾸고 마음을 준비하게 한다.
- 공간을 이동해야 한다면 교사들이 아이들의 이름을 한 명씩 부른 뒤 가도록 한다.

가스펠
설교

하나 — 들어가기

출산을 앞두고 있는 임신부의 사진을 준비해 보여 준다.

지금 엄마의 배 속에는 아기가 들어 있어요. 그런데 하나님은 엄마의 배 속에 아기를 만들기 훨씬 전부터 아기를 알고 계셨대요. 오늘의 성경 이야기를 보면 하나님은 예레미야에게 이렇게 말씀하셨어요. "나는 네가 태어나기도 전에 네게 특별한 일을 맡기기로 정해 두었다." 하나님은 무슨 특별한 일을 맡기려고 예레미야를 부르셨을까요? 다 함께 알아보기로 해요.

둘 — 성경 이야기

예레미야 1장을 편다. 설교 영상(지도자용 팩)을 보여 주거나 이야기 성경을 들려준다.

성경의 이야기는 지어낸 것이 아니에요. 성경에 나오는 모든 일은 실제로 일어났던 일이에요. 성경에는 하나님의 말씀이 들어 있어요. 오늘의 성경 이야기는 '예레미야서'에 나온답니다.

셋 — 메시지와 정리

하나님은 예레미야를 하나님의 선지자로 부르셨어요. 예레미야는 남 유다를 향해 하기 어려운 말을 해야 했어요. 그래서 겁이 났지요. 하지만 하나님은 예레미야와 함께하면서 그가 해야 할 말을 알려 주겠다고 말씀하셨어요.

연대표(지도자용 팩)를 가리키면서 복습 질문을 한다.

1. 하나님은 어떤 일을 맡기려고 예레미야를 부르셨나요? 여러 나라의 선지자로 세우시기 위해서

2. 예레미야는 자기가 그 일을 잘할 수 있을 것이라고 생각했나요? 아니다, 자기는 말을 잘할 줄 모르고 어리다고 생각했다

3. 하나님은 남 유다 백성이 벌을 다 받고 나면 어떻게 할 것이라고 말씀하셨나요? 그들을 도우시고, 다시 강하게 만들어 줄 것이라고 하셨다

4. 예레미야가 본 두 가지 환상은 무엇인가요? 아몬드나무(살구나무) 가지와 끓는 가마솥

넷 — 성경의 초점

3단원의 '성경의 초점' 질문은 **"우리는 왜 하나님께 순종해야 하나요?"** 예요. 여러분, 우리는 왜 하나님께 순종해야 하나요? 질문에 대한 답은 **"하나님이 우리를 사랑하시기 때문이에요"** 랍니다. 하나님은 예레미야가 태어나기 전부터 그를 사람들에게 하나님의 말씀을 전하는 사람으로 정하셨어요. 마찬가지로 하나님은 오래전부터 하나님의 아들 예수님을 보내 십자가에서 죽게 하심으로 사람들을 위한 하나님의 사랑을 보여 줄 계획을 갖고 계셨어요. 하나님이 우리를 얼마나 사랑하시는지 알게 되면 하나님께 순종하고 싶은 마음이 생겨요.

다섯 — 복음 초청

성경과 90쪽 복음 초청 가이드를 이용해서 아이들에게 그리스도인이 되는 법을 설명해 준다. 따로 상담해 줄 사람을 정해 주고 궁금한 점이 있으면 물어보도록 격려한다.

이 시간 예수님을 마음에 모시고 싶은 친구는 함께 기도해요.

여섯 — 기도

하나님, 예레미야를 부르셨던 것처럼 우리를 어머니 배 속에서부터 특별히 선택해 주셔서 감사해요. 하나님이 부르실 때 예레미야처럼 순종하는 우리가 되게 해 주세요. 예수님의 이름으로 기도합니다. 아멘.

일곱 — 암송송

성경에서 예레미야 31장 33절을 펴고 큰 소리로 여러 번 따라 읽게 힌디.

하나님의 백성은 죄인이었어요. 하나님의 말씀을 어기고, 또 어겼지요. 3단원 암송 구절은 언젠가 하나님의 백성의 마음을 바꾸시려는 하나님의 계획을 우리에게 말해 주어요. 하나님은 그들에게 하나님을 사랑하고, 하나님께 순종하고 싶어 하는 새 마음을 주실 거예요.

암송송(161쪽)에 맞추어 손유희를 하며 말씀을 익힌다.

"그날 후에 내가 이스라엘 집과 맺을 언약은 이러하니 곧 내가 나의 법을 그들의 속에 두며 그들의 마음에 기록하여 나는 그들의 하나님이 되고 그들은 내 백성이 될 것이라 여호와의 말씀이니라"(렘 31 : 33).

tip 전체 구절 암송이 어려운 경우에는 표시 부분을 발췌해 외워도 좋다.

가스펠 소그룹

알콩달콩 말씀 놀이

예레미야를 찾아라!

이야기 나누기

- 하나님은 왜 예레미야를 부르셨나요?
- 하나님은 두려워하는 예레미야에게
  무엇이라고 말씀하셨나요?

❶ 그림에서 예레미야를 찾아 ○표 하게 한다. 모두 4명의 예레미야가 있다.

❷ 아이들에게 예레미야가 사람들에게 무엇이라고 말했을지 물어본다.

❸ 유치부 교재 33쪽 '말풍선'을 떼어 다 함께 글씨를 읽은 후 4명의 예레미야가 말하듯이 각각 풀로 붙이게 한다.

> **인도자** 하나님은 예레미야를 부르셔서 특별한 일을 맡기셨어요. 하나님은 예레미야가 태어나기 전부터 그를 사람들에게 하나님의 말씀을 전하는 사람으로 정하셨어요. 마찬가지로 하나님은 오래전부터 하나님의 아들 예수님을 보내 십자가에서 죽게 하심으로 사람들을 위한 하나님의 사랑을 보여 줄 계획을 갖고 계셨어요.

외치는 선지자를 찾아보아요 ✱

❶ 아이들을 둥글게 앉힌 뒤 술래를 한 명 뽑아 눈가리개를 채워 한가운데 앉힌다.

❷ 인도자가 나머지 아이들 중 한 명을 선택해 '외치는 선지자'의 역할을 맡겨 '성경의 초점' 질문과 답(우리는 왜 하나님께 순종해야 하나요?, 하나님이 우리를 사랑하시기 때문이에요)을 크게 외치라고 한다. 연령대에 따라 목소리를 위장해 난이도를 높일 수 있다.

> **tip** '성경의 초점' 질문과 답을 적은 종이를 보여 주어도 좋다.

❸ 술래의 눈가리개를 벗긴 뒤 '외치는 선지자'가 누구인지 찾아보라고 한다. 만약 찾지 못하면 다시 눈가리개를 하고 맞힐 때까지 반복한다. 찾은 경우 '외치는 선지자'가 다음 술래가 된다.

❹ 모든 아이가 '외치는 선지자'가 될 때까지 게임을 계속한다.

> **인도자** 여러분은 지금 한 명씩 돌아가며 하나님의 말씀을 전하는 선지자가 되어 보았어요. **하나님은 예레미야에게 하나님의 말씀을 전하게 하셨어요.** 하나님은 예레미야가 태어나기도 전에 사람들에게 하나님의 말씀을 전하는 선지자로 정해 두셨어요.

역할 놀이를 해요 ✱

> **준비물 ▶** 역할 놀이에 필요한 소품들(소방관 모자, 실험 가운, 아기 인형, 청진기, 요리사 모자, 편지, 성경, 책, 바구니 등)

❶ 아이들에게 어른이 되면 어떤 직업을 갖고 싶은지 물어본다.

❷ 준비한 소품을 이용해 아이들이 역할 놀이를 할 수 있도록 지도한다.

❸ 아이들이 활동하는 동안, 우리가 다양한 직업들을 통해 어떻게 하나님을 섬기고, 사람들을 돕고, 예수님을 전할 수 있을지 생각해 보라고 한다.

> **인도자** **하나님은 예레미야에게 하나님의 말씀을 전하게 하셨어요.** 그런데 여러분이 반드시 예레미야 같은 선지자가 되거나, 목사님이 되거나, 다른 나라에 가서 복음을 전하는 선교사님이 되어야 한다는 말은 아니에요. 하나님이 여러분을 위해 계획해 놓으신 자리에서 하나님을 섬길 수 있어요. 다양한 직업을 통해 사람들을 도울 수 있고, 하나님이 만드신 자연을 돌볼 수 있고, 사람들에게 예수님을 전할 수 있지요.

마시멜로우 입을 만들어요 ✱

> **준비물 ▶** 166쪽 '마시멜로우 입'(또는 지도자용 팩), 주제를 적은 라벨지, 작은 마시멜로, 풀, 색연필, 가위

❶ 166쪽(또는 지도자용 팩)의 '마시멜로 입'을 프린트하거나 복사하여 아이들에게 나누어 준다.

❷ 종이를 반으로 접어 입 모양을 만드는 시범을 보인다.

❸ 종이를 다시 펼치고 혀를 빨간색으로 칠한다. 동그라미 모양마다 작은 마시멜로를 풀로 붙여 '이'를 만든다.

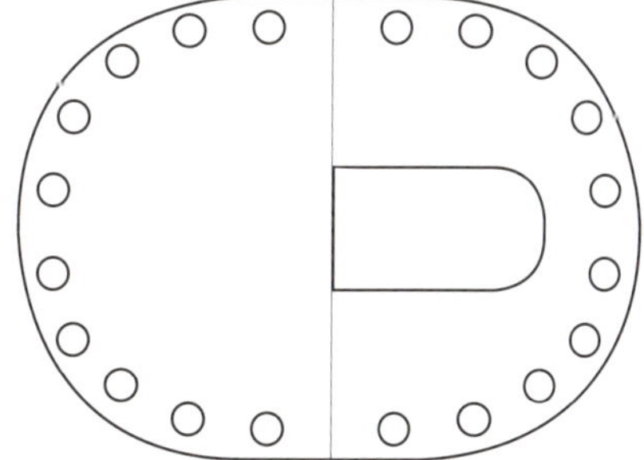

❹ 완성된 마시멜로 입 안에 10과의 주제(하나님이 예레미야에게 하나님의 말씀을 전하게 하셨어요)를 적은 라벨지를 붙이게 한다.

❺ 아이들에게 마시멜로 입을 움직이며 10과의 주제를 친구들에게 말해 보라고 한다.

> **인도자** 하나님은 예레미야를 선지자로 부르셨어요. 하나님은 예레미야가 태어나기 전부터 그의 입으로 하나님의 말씀을 전하게 할 계획을 세우셨지요. 하나님은 오래전부터 예수님을 보내 사람들을 죄에서 구할 계획을 갖고 계셨어요. 예수님은 사람들에게 하나님의 사랑을 말로만 전하시지 않았어요. 예수님은 사람들의 죄를 대신 지고 십자가에서 죽으심으로 사람들을 위한 하나님의 사랑을 몸소 보여 주셨어요.

간식

준비물 ▶ 아몬드, 요거트, 숟가락

❶ 카운트다운 영상, 정리하기 노래 등을 활용해 활동이 끝났음을 알린다. 아이들에게 주변을 정리하게 하고, 화장실에 가거나 물티슈 등을 이용해 손을 씻을 시간을 준다.

❷ 감사 기도를 드리고 아몬드와 요거트를 간식으로 나누어 준다. 예레미야가 아몬드나무(살구나무) 가지가 나오는 환상을 보았다는 사실을 떠올려 준다. 하나님이 남 유다에게 벌을 내리실 것이며 그 일을 곧 하실 것이라는 뜻이었다고 말해 준다. 하나님은 예레미야를 부르셔서 선지자로 세우셨는데, 선지자는 쉬운 일이 아니었기에 하나님이 예레미야와 함께하며 그가 할 말을 알려 주셨다고 이야기해 준다.

> **tip** 스마트폰을 이용해 아몬드나무(살구나무)를 영상이나 사진으로 보여 주며 간식을 먹어도 좋다.

❸ 간식을 먹은 후 마무리 정리를 잘하도록 지도한다.

마무리

준비물 ▶ 유치부 교재 45쪽 메시지 카드, 소그룹 활동지, 파일

❶ 이번 주 메시지 카드로 부모님과 함께 오늘 배운 성경 이야기를 나누어 보라고 한다.

가족과 활동해요
- 아빠, 엄마의 옛 사진첩을 꺼내 어릴 적 모습을 아이들에게 보여 주세요.
- 우리 가족의 삶을 인도하신 하나님에 대해 이야기를 나누어 보세요.

❷ 소그룹 활동지를 떼어 파일에 끼우고 가방에 정리하게 한다.

❸ 아이들을 위해 기도한다.

> **인도자** 하나님, 예레미야에게 특별한 일을 맡기셨듯이 하나님은 우리에게도 하나님의 사랑을 다른 사람들에게 전하는 특별한 일을 맡기셨어요. 예수님을 보내 죄에 빠진 사람들을 구하신 하나님의 사랑을 사람들에게 잘 전할 수 있도록 도와주세요. 예수님의 이름으로 기도합니다. 아멘.

❹ 아이를 데리러 온 부모에게 아이가 특별히 즐거워했거나 잘했던 활동들에 대해 이야기해 주고, 가정에서 성경 읽기와 가족 활동을 진행할 수 있도록 격려한다.

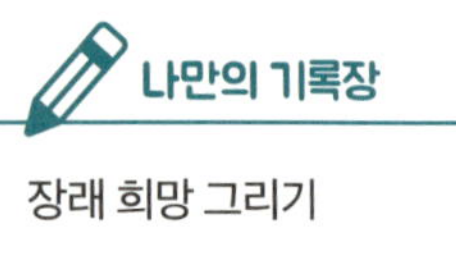

나만의 기록장

장래 희망 그리기

11

예레미야가
새 언약에 대해
예언했어요

(렘 17:1~10, 31:31~34)

주제	하나님이 너 나은 언약을 맺겠다고 약속하셨어요.
예수님 생각하기	하나님은 예레미야를 통해 우리의 죄를 용서하시고 사람들의 마음을 바꾸어 줄 것이라고 말씀하셨어요. 우리가 하나님의 아들 예수님을 믿고 의지할 때 하나님은 우리의 죄를 용서하세요. 예수님은 우리의 죄를 없애려고 십자가에서 죽으셨어요. 예수님은 우리를 바꾸시고, 성령님을 통해 하나님께 순종할 수 있는 힘을 주세요.
단원 암송	렘 31:33
성경의 초점	우리는 왜 하나님께 순종해야 하나요? 하나님이 우리를 사랑하시기 때문이에요.

하나님은 이스라엘 백성을 이집트의 노예 생활에서 구해 내신 직후, 시내산에서 그들과 언약을 맺으셨습니다. 이 언약의 내용은 출애굽기 19장에 나와 있습니다.

하나님은 모세를 통해 이렇게 말씀하셨습니다. "너희가 내 말을 잘 듣고 내 언약을 지키면 너희는 모든 민족 중에서 내 소유가 되겠고 너희가 내게 대하여 제사장 나라가 되며 거룩한 백성이 되리라"(출 19:5~6). 하나님의 백성은 이렇게 대답했습니다. "여호와께서 명령하신 대로 우리가 다 행하리이다"(출 19:8).

그러나 이스라엘 백성은 여호와께서 명령하신 대로 행하지 않았습니다. 하나님이 법을 주셨지만, 그것을 지킬 수 없었습니다. 그들의 마음이 죄로 물들었기 때문입니다. 하나님은 반역한 백성에게 벌을 내리셨고, 북 이스라엘 백성은 결국 유배를 떠나야 했습니다. 하지만 하나님은 신실하셔서 다윗의 집안을 영원히 세우겠다는 약속을 지키셨습니다.

예레미야 시대의 남 유다 백성도 이전 시대에 살던 조상과 마찬가지로 언약을 깨뜨렸습니다. 예레미야는 새 언약에 관해 이야기했습니다. 그는 하나님이 장차 죄를 용서하시고 하나님의 법을 백성의 마음에 쓰실 어떤 날에 대해 예언했습니다. 이 예언은 예수님 안에서 성취되었습니다.

예수님은 율법을 없애려고 오신 것이 아닙니다(마 5:17 참조). 예수님은 자신의 죄 없는 삶을 통해 옛 언약의 모든 요구를 충족하셨습니다.

새 언약은 하나님이 죄를 용서하실 것이라는 약속입니다. 하나님은 아들이신 예수님을 통해 죄를 용서하십니다. 그리고 성령 하나님을 통해 우리의 마음을 바꾸시고 하나님의 명령에 순종할 힘을 주십니다.

●● 티칭 포인트

죄로 물든 마음은 하나님의 말씀에 순종하지 못하게 합니다. 하나님은 예수님께 우리의 죗값을 치르게 하셨습니다. 예수님을 믿을 때 하나님이 우리의 죄를 용서하시며, 우리의 마음을 바꾸시고, 하나님의 말씀에 순종하게 하신다는 것을 아이들에게 알려 주십시오.

예레미야가 새 언약에 대해 예언했어요

렘 17:1~10, 31:31~34

남 유다 백성은 하나님께 순종하려고 노력했지만 계속해서 하나님의 법을 어기기만 했어요. 하나님은 예레미야를 통해 무엇인가 크게 잘못되었다고 말씀하셨어요.

예레미야는 백성에게 하나님의 말씀을 전했어요. 하나님은 그들에게 죄라는 심각한 문제가 있다고 말씀하셨어요. 죄는 영원히 남아 있어요. 결코 사라지지 않지요. 사실 죄는 점점 퍼져 나가요. 죄를 짓는 부모는 죄를 짓는 자녀들을 낳아요. 모두가 죄인이 되지요! 이것은 나쁜 소식이에요.

하나님은 오래전에 하나님의 백성과 언약을 맺으셨어요. 하나님께 순종하면 복을 주고, 순종하지 않으면 죄를 벌하겠다고 말씀하셨지요. 불순종한 죄로 사람들은 땅과 돈과 가진 것을 잃게 될 거예요. 심지어 적들의 종이 되기도 할 거예요.

하나님은 죄 때문에 사람들의 마음이 비뚤어졌다고 말씀하셨어요. 비뚤어진 마음은 꾀를 부리고 속이는, 정직하지 않은 마음이에요. 이 마음은 사람들로 하여금 자기 자신을 원래보다 더 좋은 사람이라고 생각하도록 속여요. 그리고 하나님이 좋지 않게 여기시는 것들을 갖고 싶어 하고, 그런 일들을 하게 만들어요.

하지만 하나님은 사람들의 마음을 바꿀 계획을 갖고 계셨어요. 하나님은 새 언약, 더 나은 언약을 맺겠다고 약속하셨어요! 이것이 바로 하나님이 사람들을 죄에서 구하시는 방법이었어요.

새 언약은 옛 언약과 달라요. 옛 언약에서 하나님의 명령은 글로 쓰여 있었어요. 사람들은 하나님의 명령을 어겼고, 해마다 죄를 용서받기 위해 희생 제물을 드려야 했어요. 하지만 하나님이 새 언약을 맺으실 때는 하나님의 법을 사람들의 마음에 쓰실 거예요. 그리고 하나님의 명령을 지킬 수 있는 힘도 함께 주실 거예요. 하나님은 이렇게 말씀하셨어요. "내가 그들의 죄를 용서해 주고 다시는 그 죄를 기억하지 않을 것이다."

●● 예수님 생각하기

하나님은 예레미야를 통해 우리의 죄를 용서하시고 사람들의 마음을 바꾸어 줄 것이라고 말씀하셨어요. 우리가 하나님의 아들 예수님을 믿고 의지할 때 하나님은 우리의 죄를 용서하세요. 예수님은 우리의 죄를 없애려고 십자가에서 죽으셨어요. 하나님은 성령 하나님을 통해 우리를 바꾸시고 하나님께 순종할 수 있는 힘을 주세요.

가스펠 준비

환영해요

"하나님의 새 약속"(지도자용 팩)을 배경음악으로 튼다. 아이들을 반갑게 맞이하며 헌금과 기도를 도와준다. 예배 중 헌금 순서가 있다면 아이들이 헌금을 잘 간수하도록 돕는다. 가방과 외투를 정리하도록 안내한다. 새로 온 아이가 있다면 음수대와 화장실의 위치를 알려 주고, 보호자와 만나는 시간과 방법 등을 소개한다. 보호자들을 위한 안내문을 붙여 아이와 만나는 시간, 기다리는 장소, 헌금 방법, 아이에 대한 특별한 주의 사항을 교사에게 미리 알려 주기 등을 공지한다.

마음 열기

주제와 관련 있는 퍼즐이나 블록 등 아이들이 좋아하는 장난감을 몇 가지 비치해 두고 다양한 활동을 하며 예배를 준비하도록 돕는다. 아이들이 마음을 열고 오늘의 주제에 관심을 갖게 하며 예배에 집중할 수 있도록 도와준다. 교회 형편에 맞게 시간과 활동 방법을 조절한다.

하트 규칙을 찾아보아요 ✱

준비물 ▶ 유치부 교재 24쪽, 색연필

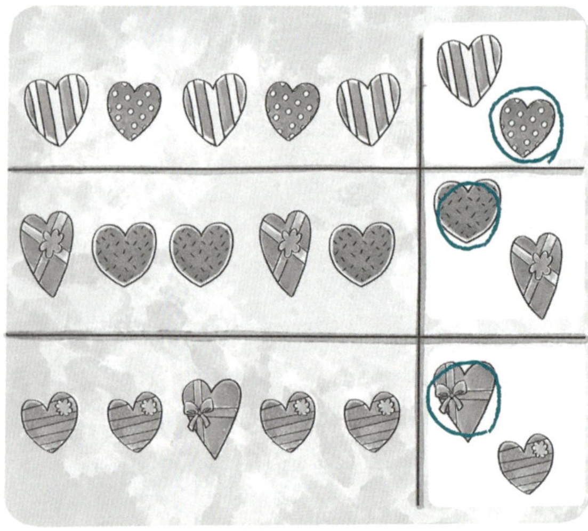

이야기 나누기

- 제일 예뻐 보이는 하트는 어떤 것인가요?
- 내 마음은 어떤 모습일까요?
- 죄로 물든 마음은 어떤 모습일까요?

❶ 각각의 줄마다 하트 모양이 나오는 규칙이 다르다고 말해 준다.

❷ 반복되는 규칙이 무엇인지 생각해 본 후 마지막에 들어갈 하트에 ○표 하라고 한다.

인도자 하트 모양이 반복되는 규칙을 잘 찾았군요! 하트는 '마음'을 의미해요. 우리는 우리의 마음을 보거나 만질 수 없어요. 우리가 지금 이야기하는 '마음'은 우리의 영혼을 말한답니다.

《피노키오》이야기를 들어요 ＊

❶ 아이들에게 《피노키오》 동화책을 읽어 주거나 《피노키오》 동화 동영상을 함께 시청한다.

> **인도자** 여러분, 우리 마음도 피노키오처럼 정직하지 않다는 사실을 알고 있나요? 우리 마음은 하나님이 좋지 않게 여기시는 것들을 갖고 싶어 하고, 그런 일들을 하게 만들어요. 이 마음은 사람들로 하여금 자기 자신을 원래보다 더 좋은 사람이라고 생각하도록 속여요. 사실은 그렇지 않은데도 말이에요. 하나님은 우리의 비뚤어진 마음을 바꿔 줄 계획을 갖고 계세요. 오늘의 성경 이야기를 들으면서 하나님의 계획이 무엇인지 알아보기로 해요.

예배 대형으로 모이기

- 카운트다운 영상, 모이기 노래, 불 끄기, 리듬에 맞춰 손뼉 치기 등을 활용해 예배 대형으로 바꾸고 마음을 준비하게 한다.
- 공간을 이동해야 한다면 다음과 같이 한다.
  ① 인도자가 아이스크림이나 색깔 점토, 강아지 등 아이들이 좋아할 만한 물건을 말한다.
  ② 아이들을 한 명씩 불러 조금 전에 말한 것보다 더 좋아하는 것이 있는지 물어본다.
  ③ 아이들이 대답하면 "오늘의 성경 이야기는 하나님이 예전에 맺으셨던 약속보다 더 좋은 약속에 관한 이야기예요"라고 말한 뒤 가도록 한다.

가스펠
설교

하나 들어가기

유성 사인펜을 높이 들어서 아이들에게 보여 준다.

유성 사인펜으로 쓴 것은 잘 지워지지 않아요. 오늘의 성경 이야기에서 하나님은 하나님의 백성에게 영원히 사라지지 않는 문제가 있다고 말씀하셨어요. 그것은 바로 그들의 죄였어요.

둘 성경 이야기

예레미야 17장, 31장을 편다. 설교 영상(지도자용 팩)을 보여 주거나 이야기 성경을 들려준다.

성경에는 하나님의 말씀이 있어요. 성경은 지어낸 이야기가 아니에요. 성경은 이 세상에서 가장 중요한 책이에요. 오늘의 성경 이야기는 '예레미야서'에 나온답니다.

셋 메시지와 정리

하나님의 백성은 하나님과 맺은 언약을 계속 어겼어요. 하지만 **하나님은 더 나은 언약을 맺겠다고 약속하셨어요.** 하나님은 죄를 용서하시고 하나님의 백성의 마음을 바꿔 주실 거예요. 예수님은 우리의 죄를 없애려고 십자가에서 죽으셨어요. 예수님은 우리를 바꾸시고, 성령님을 통해 하나님께 순종할 수 있는 힘을 주세요.

연대표(지도자용 팩)를 가리키면서 복습 질문을 한다.

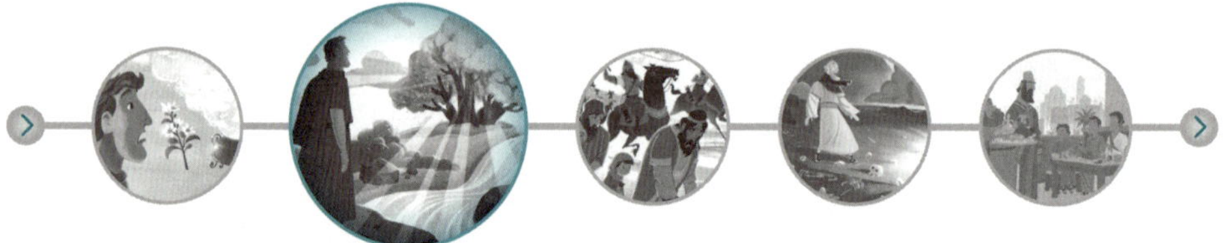

1. 옛 언약에서 하나님은 하나님의 백성이 하나님께 순종하면 어떻게 하겠다고 약속하셨나요? 복을 주겠다고 약속하셨다
2. 사람들은 하나님과 맺은 언약을 지켰나요? 아니다, 사람들은 하나님의 명령을 어겼다
3. 사람들은 왜 하나님께 순종할 수 없었나요? 죄가 사람들의 마음을 비뚤어지게 했기 때문이다
4. 새 언약에서 하나님의 백성은 죄를 없애는 희생 제물을 드려야 하나요? 아니다
5. 새 언약이 옛 언약보다 좋은 이유는 무엇인가요? 하나님이 하나님의 명령을 지킬 수 있는 힘도 함께 주실 것이기 때문이다

넷 — 성경의 초점

'성경의 초점' 질문에도 답을 해 보세요. **"우리는 왜 하나님께 순종해야 하나요?"** 아이들의 대답을 기다린다. 잘했어요, 여러분! 질문의 답은 **"하나님이 우리를 사랑하시기 때문이에요"**랍니다. 어떤 사람이 여러분을 정말 사랑해서 그 사랑을 표현했다고 생각해 보세요. 여러분도 똑같이 그 사람에게 사랑하는 마음을 보여 주고 싶어 하게 될 거예요. 우리를 사랑하시는 하나님은 우리에게 새 언약을 주셨어요. 우리 마음에 하나님의 법을 쓰시고, 우리가 하나님의 말씀에 순종할 힘을 주신 거예요. 하나님은 예수님을 통해 우리를 향한 사랑을 보여 주셨어요. 우리는 하나님의 명령에 순종하는 것으로 하나님을 사랑하는 마음을 표현할 수 있어요.

다섯 — 복음 초청

성경과 90쪽 복음 초청 가이드를 이용해서 아이들에게 그리스도인이 되는 법을 설명해 준다. 따로 상담해 줄 사람을 정해 주고 궁금한 점이 있으면 물어보도록 격려한다.

이 시간 예수님을 마음에 모시고 싶은 친구는 함께 기도해요.

여섯 — 기도

하나님, 우리가 죄를 지을 때마다 성령님을 통해 우리의 죄를 깨닫게 해 주셔서 감사해요. 하나님을 사랑하는 마음으로 죄를 미워하고, 하나님의 말씀에 순종하는 사람이 되게 해 주세요. 우리의 죄를 위해 돌아가신 예수님의 이름으로 기도합니다. 아멘.

일곱 — 암송송

성경에서 예레미야 31장 33절을 펴고 큰 소리로 여러 번 따라 읽게 한다.

3단원 암송 구절에는 예레미야가 이야기한 '새 언약'이 나와요. 하나님은 하나님의 백성에게 새로운 영을 주겠다고 약속하셨어요. 성령 하나님이 오셔서 하나님께 순종할 수 있도록 도와주실 것이라고 말씀하신 거예요.

암송송(161쪽)에 맞추어 손유희를 하며 말씀을 익힌다.

"그날 후에 내가 이스라엘 집과 맺을 언약은 이러하니 곧 내가 나의 법을 그들의 속에 두며 그들의 마음에 기록하여 나는 그들의 하나님이 되고 그들은 내 백성이 될 것이라 여호와의 말씀이니라"(렘 31:33).

tip 전체 구절 암송이 어려운 경우에는 표시 부분을 발췌해 외워도 좋다.

알콩달콩 — 말씀 놀이

사라졌다, 사라졌어!

준비물 ▶ 유치부 교재 25~26쪽, 37쪽 '죄'라고 쓰인 종이, 철가루, 자석, 색연필

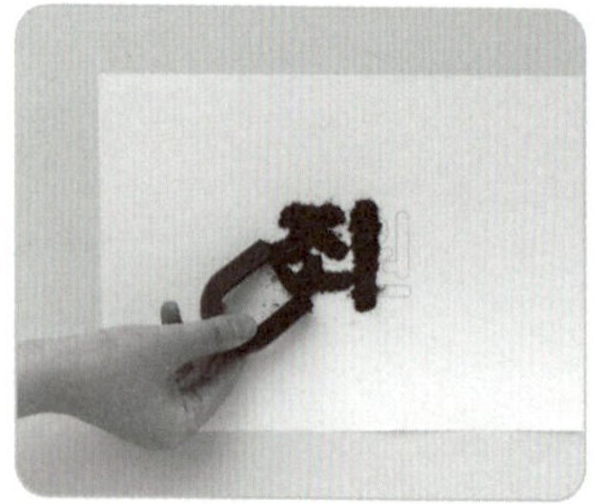

이야기 나누기

- 우리의 죄를 없앨 수 있는 분은 누구이신가요?
- 하나님은 우리의 죄로 인해 어떠한 일을 하셨나요?

❶ 유치부 교재 37쪽 '죄'라고 쓰인 종이를 잘라 낸 후 '죄' 글자를 조심스럽게 떼어 내게 한다. 26쪽 '구원'이라고 쓰인 종이를 잘라 준비하라고 한다.

❷ '죄' 종이를 '구원' 종이 위에 올려놓으라고 한다.

❸ 겹쳐진 종이 위에 철가루를 뿌리게 한다.

   tip '철가루 뿌리개'를 사용하면 좀 더 편리하게 활동할 수 있다.

❹ '죄' 종이를 조심스럽게 들어 올린 후 빼내게 한다. 남은 자리에는 철가루로 된 '죄'라는 글자가 남는다.

❺ 다 함께 '죄'라는 글자를 읽은 후 자석을 갖다 대 보라고 한다.

❻ 자석에 철가루가 모두 붙어 '죄'라는 글자가 사라지면 '구원'이라는 글자가 남는다.

❼ 색연필을 이용해 '구원' 글자를 색칠하라고 한다. 우리의 죄를 완전히 없애시고 우리를 구원하신 분이 누구이신지에 대해 이야기를 나누어 본다.

인도자 자석을 이용해 철가루로 쓰인 '죄'라는 글자를 사라지게 했을 때 어떤 마음이 들었나요? **하나님은 더 나은 언약을 맺겠다고 약속하셨어요.** 하나님은 예레미야를 통해 우리의 죄를 용서하시고 사람들의 마음을 바꾸어 줄 것이라고 말씀하셨어요. 우리가 하나님의 아들 예수님을 믿고 의지할 때 하나님은 우리의 죄를 용서하세요. 예수님은 우리의 죄를 없애려고 십자가에서 죽으셨어요. 예수님은 우리를 바꾸시고, 성령님을 통해 하나님께 순종할 수 있는 힘을 주세요.

청기 백기 약속 놀이를 해요 ＊

❶ 미리 파란색과 흰색 시트지를 밑변이 약 3cm 정도 되는 직각삼각형 모양으로 잘라 둔다. 각각 아이들의 수만큼 준비한다.

❷ 아이들에게 시트지를 나누어 준 뒤 왼손 검지에는 파란색 삼각형을, 오른손 검지에는 흰색 삼각형을 붙이라고 한다. 이때 밑변을 손가락에 붙이라고 한다.

❸ 인도자가 "청기 올려"라고 말하면 파란색 삼각형이 붙어 있는 왼손 검지를 들라고 한다. "백기 흔들어", "백기 내려" 등 다양한 지시를 하고 아이들이 따라 하게 한다.

❹ 마지막까지 모두 성공한 아이가 승자가 된다.

인도자 하나님은 언약을 맺으셨어요. 하나님은 하나님의 백성이 하나님께 순종하면 복을 주고, 순종하지 않으면 벌을 주겠다고 약속하셨어요. 사람들은 하나님께 순종하지 않았고, 하나님은 그들의 죄를 벌하셔야 했지요. 하지만 **하나님은 더 나은 언약을 맺겠다고 약속하셨어요.** 새 언약에서 하나님은 하나님의 백성에게 복을 주실 뿐 아니라 언약을 지킬 수 있는 힘도 같이 주겠다고 약속하셨어요. 예수님 덕분에 새 언약이 이루어졌어요.

물건을 기억해요 ＊

❶ 아이들에게 준비해 놓은 여러 가지 작은 물건들을 하나하나 소개한다.

❷ 그중에서 쟁반 위에 3~4개의 물건을 올려놓고 10~15초 정도 관찰할 시간을 준다.

❸ 쟁반을 천으로 덮은 뒤 아이들에게 쟁반에 있는 물건의 이름을 말해 보라고 한다.

❹ 천을 벗기고 물건을 보여 준다. 물건을 바꿔 가며 게임을 반복한다.

인도자 아주 잘 기억했어요! 하나님은 누구보다 잘 기억하시는 분이에요. 하지만 **하나님은 더 나은 언약을 맺겠다고 약속하시면서** 하나님의 백성의 죄를 기억하지 않겠다고 말씀하셨어요. 우리가 하나님의 아들이신 예수님을 믿고 의지할 때 하나님은 우리의 죄를 잊어 주세요. 예수님은 우리의 죄를 없애 주시기 위해 십자가에서 죽으셨어요. 하나님은 우리를 바꾸시고, 성령 하나님을 통해 하나님께 순종할 수 있는 힘을 주세요.

지우개로 지워 보아요  *

❶ 종이에 연필을 이용해 아이들의 이름을 하나씩 쓴다. 이때 이름 중에 한 글자만 유성 사인펜으로 쓴다.

❷ 아이들에게 이름을 쓴 종이와 지우개를 나누어 주고 자기 이름을 지워 보라고 한다.

> **인도자** 이름이 다 지워졌나요? 한 글자는 왜 지워지지 않았을까요? 유성 사인펜으로 썼기 때문이에요. 유성 사인펜으로 쓴 글자는 사라지지 않고 남아 있어요. 이처럼 우리의 죄도 결코 그냥 사라지지 않아요. **하나님은** 우리의 죄를 없애 주시려고 **더 나은 언약을 맺겠다고 약속하셨어요.** 예수님을 보내 주셔서 우리의 죄를 깨끗하게 씻어 주시는 하나님께 감사하는 우리가 되어요.

마음에 명령을 새겨요 *

❶ 전지를 이용해 아이들이 꾸민 작품을 모두 붙일 수 있을 만한 크기의 큰 하트(마음을 상징하는) 판을 준비한다.

❷ 아이들에게 종이를 나누어 주고, 십계명을 각각 하나씩 나누어 쓰도록 지도한다. 다 쓴 아이는 색연필 등으로 꾸미게 해도 좋다.

- 제1계명 : 너는 나 외에는 다른 신들을 네게 두지 말라
- 제2계명 : 너를 위하여 새긴 우상을 만들지 말고 … 섬기지 말라
- 제3계명 : 너는 네 하나님 여호와의 이름을 망령되게(함부로) 부르지 말라
- 제4계명 : 안식일을 기억하여 거룩하게 지키라
- 제5계명 : 네 부모를 공경하라
- 제6계명 : 살인하지 말라
- 제7계명 : 간음하지 말라(결혼의 약속을 지켜라)
- 제8계명 : 도둑질하지 말라
- 제9계명 : 네 이웃에 대하여 거짓 증거하지 말라
- 제10계명 : 네 이웃의 집을 탐내지 말라

tip 연령대에 따라 아이들이 직접 써도 좋고, 교사가 써 준 뒤 함께 읽어 보는 것도 좋다.

❸ 아이들에게 십계명을 적은 종이를 늘어놓고 어떤 내용들이 있는지 살펴보라고 한다.

❹ 셀로판테이프를 이용해 하트 판에 십계명을 적은 종이를 붙이도록 한다.

> **인도자** 새 언약은 옛 언약과 달라요. 옛 언약에서 하나님의 명령은 글로 쓰여 있었어요. 사람들은 하나님의 명령을 어겼고, 해마다 죄를 용서받기 위해 희생 제물을 드려야 했어요. 하지만 하나님이 새 언약을 맺으실 때는 하나님의 법을 사람들의 마음에 쓰실 거예요. 그리고 하나님의 명령을 지킬 수 있는 힘도 함께 주실 거예요.

마음 판을 뒤집어요 ✳

❶ 검정색 도화지와 흰색 도화지를 색이 보이도록 포개어 붙인 뒤 아이의 손바닥 크기만 한 하트 모양으로 잘라 여러 장의 하트 카드를 준비해 둔다.

❷ 카드의 검정색 부분이 보이도록 바닥에 놓아 두고 아이들과 함께 우리의 죄에 대해 이야기를 나누어 본다.

❸ 인도자가 "시작!"을 외치면 달려가서 검정색 하트를 뒤집어 흰색 하트로 만들라고 한다. 이때 교사들이 같이 가서 흰색 하트를 뒤집어 검정색 하트로 뒤집는다.

> tip 활동의 목표는 모든 카드가 흰색이 되는 것이므로 교사들이 적당히 져 주도록 한다.

❹ 모든 하트가 완전히 흰색이 될 때까지 게임을 진행한다. 흰색 하트들을 보며 아이들과 함께 우리의 죄 문제를 해결해 주신 예수님에 대해 이야기를 나눈다.

> **인도자** 옛 언약은 우리에게 예수님이 얼마나 필요한지를 알려 주어요. 우리는 모두 죄인이에요. 하나님의 명령을 어기지요. **하나님은 더 나은 언약을 맺겠다고 약속하셨어요.** 새 언약에서는 우리가 예수님을 믿고 의지하면 하나님이 우리의 죄를 용서하세요. 예수님이 하나님의 법을 모두 지키셨기 때문이에요. 하나님은 하나님께 순종하고 싶어지도록 우리의 마음을 바꿔 주세요. 심지어 하나님은 성령 하나님을 통해 하나님께 순종할 수 있는 힘까지 함께 주신답니다!

간식

❶ 카운트다운 영상, 정리하기 노래 등을 활용해 활동이 끝났음을 알린다. 아이들에게 주변을 정리하게 하고, 화장실에 가거나 물티슈 등을 이용해 손을 씻을 시간을 준다.

❷ 감사 기도를 드리고 식빵을 간식으로 나누어 준다. 아이들에게 하트 쿠키 틀을 나누어 주어 식빵을 찍어 하트 모양으로 만들어 보라고 한다. 하나님이 더 나은 언약을 맺겠다고 약속하셨다는 사실과 새 언약에서는 하나님이 우리의 마음을 바꿔 주시고 하나님의 명령을 지킬 힘도 함께 주실 것이라는 사실을 상기시켜 준다.

❸ 간식을 먹은 후 마무리 정리를 잘하도록 지도한다.

마무리

❶ 이번 주 메시지 카드로 부모님과 함께 오늘 배운 성경 이야기를 나누어 보라고 한다.

가족과 활동해요

• 우리 집에 있는 전기가 필요한 여러 가지 도구를 살펴보고, 콘센트에 연결해 도구를 작동시켜 보세요. 전기가 있어야 도구가 제 역할을 할 힘을 얻는다고 아이들에게 말해 주세요. 하나님은 성령 하나님을 통해 우리가 하나님께 순종할 수 있는 힘을 주신다고 말해주세요.

❷ 소그룹 활동지를 떼어 파일에 끼우고 가방에 정리하게 한다.

❸ 아이들을 위해 기도한다.

> **인도자** 하나님, 우리는 죄인이에요. 우리의 마음은 우리가 원래보다 더 좋은 사람이라고 생각하도록 우리를 자꾸 속여요. 예수님을 보내셔서 더 나은 언약을 맺어 주셔서 감사해요. 우리가 예수님을 믿고 의지할 때 하나님이 우리의 죄를 용서하시고 성령 하나님을 통해 하나님께 순종할 수 있는 힘을 주시는 것도 감사해요. 예수님의 이름으로 기도합니다. 아멘.

❹ 아이를 데리러 온 부모에게 아이가 특별히 즐거워했거나 잘했던 활동들에 대해 이야기해 주고, 가정에서 성경 읽기와 가족 활동을 진행할 수 있도록 격려한다.

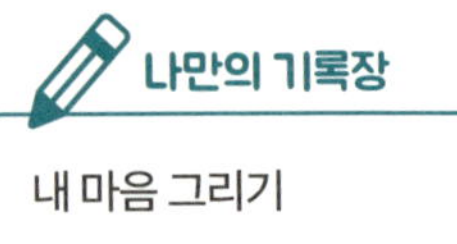
나만의 기록장

내 마음 그리기

12

남 유다 백성이 포로로 잡혀갔어요

[대하 36:1~21]

주제	남 유다는 그들의 죄 때문에 바벨론의 포로가 되었어요.
예수님 생각하기	하나님이 하나님의 백성의 죄를 벌하시는 것은 당연한 일이에요. 하지만 하나님은 여전히 그들을 사랑하셨어요. 그래서 오래전 말씀하신 대로 백성에게 좋은 왕을 주실 계획이었어요. 먼 훗날 하나님은 하나님의 아들 예수님을 보내 영원히 우리의 왕이 되게 하셨어요. 예수님은 우리가 받아야 할 벌을 대신 받으셨어요.
단원 암송	렘 31:33
성경의 초점	우리는 왜 하나님께 순종해야 하나요? 하나님이 우리를 사랑하시기 때문이에요.

하나님은 오랜 세월 동안 예언자들을 보내 하나님의 백성에게 경고하셨습니다. 그들이 죄에서 돌아서기를 참을성 있게 기다리셨습니다. 예레미야 선지자는 남 유다가 악한 길에서 돌이키지 않으면 벌을 받게 될 것이라고 경고하며 그 벌의 내용을 아주 자세하게 기술했습니다(렘 15:1~14 참조).

그러나 남 유다 백성은 죄에서 돌아서지 않았습니다. 전국적인 회개를 일으키려던 요시야왕의 노력에도 불구하고, 왕국은 몇 년간 쇠락의 길을 걸었습니다. 요시야가 죽자 사람들은 다시 옛 생활 방식으로 돌아가 우상을 숭배하고 하나님께 불순종했습니다.

드디어 심판의 때가 되었습니다. 하나님은 바벨론의 왕 느부갓네살을 사용해 남 유다 백성을 바벨론으로 옮기셨습니다. 그들은 그곳에서 70년간 유배 생활을 해야 했습니다.

여호야김이 남 유다의 왕으로 있을 때 느부갓네살이 예루살렘에 쳐들어왔습니다. 느부갓네살은 여호야김을 사슬에 묶어 바벨론으로 데려갔습니다.

이후 여호야김의 아들 여호야긴이 왕위에 오르자, 느부갓네살은 그 역시 잡아갔습니다. 남 유다의 많은 사람이 함께 끌려갔고, 하나님의 성전에 있던 보물들도 다 빼앗겼습니다. 느부갓네살은 시드기야를 남 유다의 왕으로 앉혔습니다.

남 유다의 백성은 하나님과 맺은 언약을 지키지 않았습니다. 시드기야가 느부갓네살을 배반하고 하나님의 눈앞에서 악한 일을 저지르자, 하나님은 남 유다에 분노를 쏟아부으셨습니다. 느부갓네살은 예루살렘 사람들에게 자비를 베풀지 않았습니다. 바벨론 군대는 하나님의 성전과 왕의 궁전에 불을 질렀습니다. 그들은 예루살렘을 둘러싼 성벽을 허물었습니다. 느부갓네살의 군대는 사람들을 포로로 끌고 갔고, 오직 가난한 농부들만 남아 땅을 경작하도록 허락했습니다. 남 유다 백성은 바벨론에서 70년간 포로 생활을 하며 바벨론왕을 섬겼습니다.

●● 티칭 포인트

하나님은 하나님의 백성을 버리지 않으셨다는 것을 아이들에게 알려 주십시오. 예레미야 선지자는 앞으로 일어날 일을 사람들에게 이렇게 이야기했습니다. "내가 내 백성 이스라엘과 유다의 포로를 돌아가게 할 날이 오리니"(렘 30:3). 하나님은 하나님의 백성을 포로 생활에서 구해 내시고 다윗의 혈통을 가진 새 왕, 곧 영원한 왕을 세우실 것이라는 점을 아이들에게 가르쳐 주십시오.

남 유다 백성이 포로로 잡혀 갔어요

대하 36:1~21

남 유다의 왕 요시야에게는 세 명의 아들이 있었어요. 그들의 이름은 여호아하스, 여호야김, 그리고 시드기야였어요. 요시야에게는 손자도 있었어요. 그의 이름은 여호야긴이었지요. 그들은 차례로 왕이 되었어요. 그러나 아무도 요시야처럼 좋은 왕은 아니었어요.

요시야가 죽은 뒤 여호아하스가 왕이 되었어요. 하지만 여호아하스는 오랫동안 왕의 자리에 앉아 있지 못했어요. 하나님이 싫어하시는 일을 많이 했기 때문이에요. 어느 날 이집트의 왕이 남 유다에 와서는 여호아하스를 포로로 잡아가 버렸어요. 그래서 여호아하스의 동생인 여호야김이 왕이 되었어요.

여호야김도 형처럼 죄악을 많이 저질렀어요. 어느 날 바벨론의 왕이 남 유다에 와서는 여호야김을 포로로 잡아가 버렸어요. 여호야김은 더 이상 남 유다의 왕이 될 수 없었어요. 그래서 그의 아들인 여호야긴이 왕이 되었어요. 여호야긴도 아버지처럼 죄악을 많이 저질렀어요. 어느 날 느부갓네살왕이 신하들을 남 유다로 보내 여호야긴을 바벨론으로 잡아가 버렸어요. 바벨론왕은 여호야긴의 삼촌인 시드기야를 왕의 자리에 앉혔어요.

시드기야도 자기 형제들처럼 죄악을 많이 저질렀어요. 심지어 하나님의 백성까지 죄를 짓게 만들었지요. 예레미야가 시드기야에게 하나님이 벌을 내리실 것이라고 경고했지만 그는 듣지 않았어요. 하나님은 계속해서 하나님께 순종하지 않는 남 유다 백성에게 화가 나셨어요. 하지만 하나님은 하나님의 백성을 사랑하시기 때문에 그들을 멸망시키고 싶지 않으셨어요. 그래서 선지자들을 통해 백성에게 말씀하셨어요. 선지자들은 "죄를 그만 지으십시오! 하나님께로 돌아오십시오!" 하고 외쳤어요. 하지만 백성은 듣지 않았어요.

마침내 하나님이 남 유다 백성의 죄를 벌하실 때가 되었어요. 하나님은 바벨론왕이 군대를 이끌고 남 유다를 공격하도록 허락하셨어요. 전쟁으로 많은 사람이 죽었어요. 바벨론왕은 하나님의 성전에 있던 모든 그릇과 보물을 가져갔어요. 그런 다음 성전을 불태워 버렸지요. 바벨론 군대는 예루살렘을 둘러싼 성벽을 모두 허물고 왕궁도 태워 버렸어요. 남은 그릇들은 모두 부수어 버렸지요. 전쟁에서 살아남은 사람들은 바벨론으로 끌려가 종이 되었어요. 예레미야 선지자가 경고했던 일들이 하나님이 말씀하신 그대로 일어난 거예요.

●● 예수님 생각하기

하나님이 하나님의 백성의 죄를 벌하시는 것은 당연한 일이에요. 하지만 하나님은 여전히 그들을 사랑하셨어요. 그래서 오래전 말씀하신 대로 백성에게 좋은 왕을 주실 계획이었어요. 먼 훗날 하나님은 하나님의 아들 예수님을 보내 영원히 우리의 왕이 되게 하셨어요. 예수님은 우리가 받아야 할 벌을 대신 받으셨어요.

싱글벙글 ☺ 환영해요

"하나님의 새 약속"(지도자용 팩)을 배경음악으로 튼다. 아이들을 반갑게 맞이하며 헌금과 기도를 도와준다. 예배 중 헌금 순서가 있다면 아이들이 헌금을 잘 간수하도록 돕는다. 가방과 외투를 정리하도록 안내한다. 새로 온 아이가 있다면 음수대와 화장실의 위치를 알려 주고, 보호자와 만나는 시간과 방법 등을 소개한다. 보호자들을 위한 안내문을 붙여 아이와 만나는 시간, 기다리는 장소, 헌금 방법, 아이에 대한 특별한 주의 사항을 교사에게 미리 알려 주기 등을 공지한다.

너랑 나랑 ☺ 마음 열기

주제와 관련 있는 퍼즐이나 블록 등 아이들이 좋아하는 장난감을 몇 가지 비치해 두고 다양한 활동을 하며 예배를 준비하도록 돕는다. 아이들이 마음을 열고 오늘의 주제에 관심을 갖게 하며 예배에 집중할 수 있도록 도와준다. 교회 형편에 맞게 시간과 활동 방법을 조절한다.

가족 그림을 그려요 ∗

준비물 ▶ 흰색 도화지, 색연필

❶ 아이들이 자신의 가족을 그릴 수 있도록 지도한다.

❷ 가족 그림을 그리는 동안 아이들에게 가족과 자신의 닮은 점은 무엇인지, 다른 점은 무엇인지 물어본다.

예) "가족 중에 특별히 여러분과 닮은 사람이 있나요?", "가족이 좋아하는 일 중에 여러분이 하고 싶은 일이 있나요?", "다른 가족은 별로 좋아하지 않는 일이지만 여러분은 하고 싶은 일이 있나요?" 등.

> **인도자** 우리는 모두 가족과 닮은 부분도 있지만, 닮지 않은 부분도 있어요. 오늘의 성경 이야기에서 요시야의 아들들과 손자는 요시야를 닮지 않았어요. 요시야는 좋은 왕이었지만, 그의 아들들과 손자는 나쁜 왕이었지요. 그들은 하나님의 백성을 하나님께 순종하는 길로 이끌지 않았어요. 잠시 후에 자세한 이야기를 들어 보기로 해요.

슬픈 얼굴로 행진해요 ✱

❶ 아이들을 한 줄로 세운다. 맨 앞에 선 아이에게 '선지자' 역할을 맡겨 슬픈 얼굴을 하고 슬퍼하는 소리를 내며 아이들을 이끌고 예배실을 천천히 행진하라고 한다.
예) "아이고, 아이고", "흑흑흑", "으앙", "엉엉엉" 등.

❷ 나머지 아이들에게 '선지자'를 따라서 슬픈 얼굴을 하고 슬퍼하는 소리를 내며 행진하라고 말해 준다. 적절한 시간에 '선지자'를 바꾸어 행진을 계속한다.

> **인도자** 사람들은 보통 기뻐하며 행진하는데, 우리가 한 행진은 슬펐어요. 오늘의 성경 이야기에 나오는 하나님의 백성도 슬펐어요. 하나님이 그들에게 주신 약속의 땅을 떠나야 했기 때문이에요. 하나님이 왜 그들을 쫓아내셨는지 이야기를 잘 들어 보세요.

예배 대형으로 모이기

- 카운트다운 영상, 모이기 노래, 불 끄기, 리듬에 맞춰 손뼉 치기 등을 활용해 예배 대형으로 바꾸고 마음을 준비하게 한다.
- 공간을 이동해야 한다면 아이들과 함께 손을 잡고 인간 사슬을 만들며 가도록 한다.

가스펠 설교

들어가기

아직 집에 가고 싶지 않은데 신 나는 놀이터를 떠나야 했던 적이 있나요? 오늘의 성경 이야기에서 남 유다 백성은 자기 나라를 떠나야만 했어요. 바벨론왕이 그들을 자기 나라로 끌고 가서는 바벨론 사람들의 종으로 만들어 버렸기 때문이에요. 왜 그렇게 되었는지 함께 들어 보기로 해요.

성경 이야기

역대하 36장을 편다. 설교 영상(지도자용 팩)을 보여 주거나 이야기 성경을 들려준다.

성경은 세상에서 가장 중요한 책이에요. 하나님의 말씀이 들어 있기 때문이에요. 성경 속의 이야기는 모두 실제로 일어났던 일이에요. 오늘의 성경 이야기는 '역대하'에 나온답니다.

메시지와 정리

남 유다의 왕들은 하나님의 백성을 옳은 길로 잘 이끌지 못했어요. 하나님이 아무리 경고를 하셔도 남 유다 백성은 계속해서 하나님께 불순종했어요. 결국 **남 유다는 그들의 죄 때문에 바벨론의 포로가 되었어요.** 하지만 하나님은 오래전에 말씀하신 대로 백성에게 좋은 왕을 주실 계획이었어요. 예수님은 우리가 받아야 할 벌을 대신 받으신 좋은 왕이세요.

연대표(지도자용 팩)를 가리키면서 복습 질문을 한다.

1. 요시야의 아들들과 손자는 좋은 왕이었나요, 나쁜 왕이었나요? 나쁜 왕
2. 하나님은 백성에게 누구를 보내 죄를 그만 짓고 하나님께 돌아오라고 말씀하셨나요? 선지자들
3. 바벨론왕은 하나님의 성전을 어떻게 했나요? 성전에 있는 모든 그릇과 보물을 가져가고 성전은 불태워 버렸다
4. 바벨론왕은 하나님의 백성을 어떻게 했나요? 바벨론 사람들의 종으로 만들었다

넷 — 성경의 초점

'성경의 초점'을 기억하나요? **"우리는 왜 하나님께 순종해야 하나요?"**, **"하나님이 우리를 사랑하시기 때문이에요"** 하나님께 순종하지 않으면 벌을 받게 되지요. 하나님께 죄를 지은 남 유다 백성은 바벨론의 포로가 되어 끌려갔어요. 우리의 죄 때문에 우리도 벌을 받아야 하지만 하나님은 우리를 매우 사랑하셔서 하나님의 아들을 보내 우리가 받을 벌을 대신 받게 하셨어요. 이렇게 우리를 사랑하시는 하나님께 순종하고 싶지 않은가요?

다섯 — 복음 초청

성경과 90쪽 복음 초청 가이드를 이용해서 아이들에게 그리스도인이 되는 법을 설명해 준다. 따로 상담해 줄 사람을 정해 주고 궁금한 점이 있으면 물어보도록 격려한다.

이 시간 예수님을 마음에 모시고 싶은 친구는 함께 기도해요.

여섯 — 기도

하나님, 하나님께 순종하지 않았던 요시야의 아들들과 손자처럼 살지 않고 하나님께 순종하며 살고 싶어요. 하나님의 뜻을 알게 해 주세요. 우리를 구하려고 예수님을 보내 주신 하나님의 사랑을 언제나 기억하게 해 주세요. 예수님의 이름으로 기도합니다. 아멘.

일곱 — 암송송

암송송(161쪽)에 맞추어 손유희를 하며 말씀을 익힌다.

"그날 후에 내가 이스라엘 집과 맺을 언약은 이러하니 곧 내가 나의 법을 그들의 속에 두며 그들의 마음에 기록하여 나는 그들의 하나님이 되고 그들은 내 백성이 될 것이라 여호와의 말씀이니라"(렘 31:33).

`tip` 전체 구절 암송이 어려운 경우에는 표시 부분을 발췌해 외워도 좋다.

남 유다는 계속해서 죄를 짓다가 결국 그 대가를 치르게 되었어요. 하지만 3단원 암송 구절을 보면, 하나님은 백성의 마음을 바꿔 주겠다고 약속하셨어요. 그들의 마음에 새로운 영, 즉 성령 하나님을 보내 주겠다고 말씀하셨어요. 하나님의 영은 백성이 하나님께 순종할 수 있도록 도우실 거예요.

알콩달콩 말씀 놀이

남 유다 백성이 포로로 끌려가요!

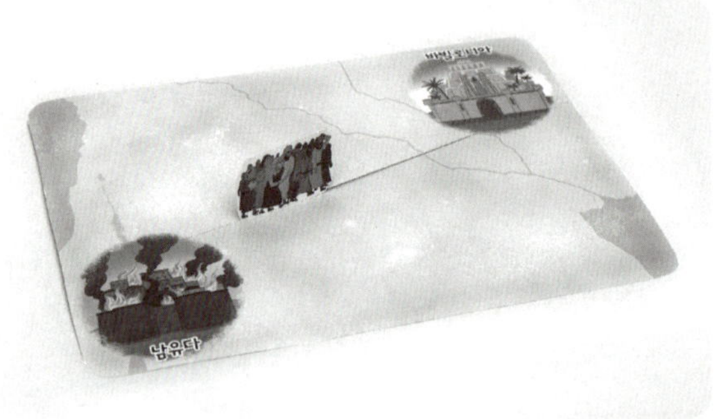

> **이야기 나누기**
> - 하나님은 왜 남 유다 백성이 포로로 끌려가도록 내버려 두셨나요?
> - 하나님의 백성을 벌하시는 하나님의 마음은 어떠했을까요?

❶ 유치부 교재 33쪽의 '포로가 된 남 유다 백성'과 39쪽 '바벨론 지도'를 떼어 준비하게 한다.

❷ '포로가 된 남 유다 백성'을 반으로 접고, 아래 부분을 점선대로 바깥으로 접어 올리고 풀로 고정하게 한다.

❸ ❷를 '바벨론 지도'의 뚫린 칼선에 끼워서 남 유다 백성이 포로가 되어 바벨론으로 끌려가는 모습을 표현해 보게 한다.

❹ '포로가 된 남 유다 백성'을 조작하며 그들이 왜 바벨론에 포로로 끌려가게 되었는지에 대해 이야기를 나누어 본다.

> `인도자` **남 유다는 그들의 죄 때문에 바벨론의 포로가 되었어요.** 하나님은 바벨론 사람들이 남 유다를 파괴하게 내버려 두셨어요. 하나님이 죄를 벌하시는 것은 당연한 일이에요. 하지만 하나님은 여전히 하나님의 백성을 사랑하셨어요. 먼 훗날 하나님은 하나님의 아들 예수님을 보내 하나님의 백성이 받을 벌을 대신 받게 하실 거예요.

성전과 성벽이 무너져요 *

❶ 아이들에게 다양한 블록을 제공하고 예루살렘 성전과 성벽을 쌓아 볼 수 있도록 지도한다.

❷ 활동 시간이 충분히 흐르면 인도자의 신호에 따라 성전과 성벽을 무너뜨리라고 한다.

예) "적들이 쳐들어왔어요!", "무너진다, 무너져!" 등.

> `tip` 블록을 무너뜨릴 때 아이들이 다치지 않도록 지도한다. 종이 재질의 벽돌 블록을 사용하는 것이 가장 좋다.

> `인도자` 성전이 완성되던 날 하나님의 백성은 몹시 기뻐했어요. 하지만 이제 성전과 성벽은 모두 파괴되어 버렸어요. **남 유다는 그들의 죄 때문에 바벨론의 포로가 되었어요.**

하나님은 바벨론 사람들이 유다를 파괴하게 내버려 두셨어요. 먼 훗날 하나님은 아들이신 예수님을 보내 하나님의 백성의 벌을 대신 받게 하실 거예요.

선지자를 보내요 *

❶ 아이들을 예배실 한쪽에 모은다.
❷ 한 명의 아이를 뽑아 '선지자' 역할을 맡겨 아이들의 반대쪽으로 보낸다. 인도자는 '선지자'에게 귓속말로 따라 해야 할 동작을 알려 준다.
   예) "앉아", "팔 벌려 뛰기 해", "뒤로 돌아", "개구리처럼 뛰어" 등.
❸ '선지자'가 아이들에게 인도자의 지시를 동작으로 표현하면 아이들에게 따라 하라고 한다.
❹ 여러 번의 지시를 잘 수행한 아이 한 명을 뽑아 다음 '선지자' 역할을 맡겨 활동을 계속한다.

> **인도자** 하나님은 하나님의 백성에게 선지자들을 보내 "죄를 그만 지으십시오! 하나님께로 돌아오십시오!"라고 외치게 하셨어요. 하지만 백성은 듣지 않았어요. **남 유다는 그들의 죄 때문에 바벨론의 포로가 되었어요.** 하나님이 하나님의 백성의 죄를 벌하시는 것은 당연한 일이에요. 하지만 하나님은 여전히 그들을 사랑하셨어요. 그래서 예수님을 보내 우리가 받아야 할 벌을 대신 받게 하셨어요.

차례로 남 유다왕이 되어 보아요 *

❶ 아이들과 오늘의 성경 이야기를 회상하며 이야기를 나누어 본다.
   tip 남 유다의 왕들이 하나님을 거역했다는 사실을 강조해 말해 준다.
❷ 역할극에서 '남 유다의 왕' 역할을 맡을 아이들을 정한다. 나머지 아이들은 남 유다 백성이 된다.
❸ '남 유다의 왕'이 한 명씩 앞으로 나오면 왕관을 씌우고 왕복을 입힌 후 다음과 같이 남 유다 백성에게 이야기하라고 한다. "미안해. 내가 하나님께 순종하지 않아서 우리가 종이 되었어."
❹ 활동을 여러 번 계속해 남 유다가 계속해서 하나님께 불순종했다는 점을 아이들에게 말해 준다.

> **인도자** **남 유다는 그들의 죄 때문에 바벨론의 포로가 되었어요.** 하나님이 하나님의 백성의 죄를 벌하시는 것은 당연한 일이에요. 하지만 하나님은 여전히 그들을 사랑하셨어요. 그래서 오래전 말씀하신 대로 백성에게 좋은 왕을 주실 계획이었어요. 먼 훗날 하나님은 하나님의 아들 예수님을 보내 영원히 우리의 왕이 되게 하셨어요. 예수님은 우리가 받아야 할 벌을 대신 받으셨어요.

간식

준비물 ▶ 작은 주먹밥, 접시

❶ 카운트다운 영상, 정리하기 노래 등을 활용해 활동이 끝났음을 알린다. 아이들에게 주변을 정리하게 하고, 화장실에 가거나 물티슈 등을 이용해 손을 씻을 시간을 준다.

❷ 감사 기도를 드리고 작은 주먹밥을 접시에 담아 간식으로 나누어 준다. 아이들에게 오늘의 성경 이야기에서 남 유다는 그들의 죄 때문에 바벨론의 포로가 되었다는 점을 떠올려 준다. 우리는 주먹밥을 먹어서 배가 부르지만 종이 된 그들에게는 먹을 것이 별로 없어 고통스러웠을 것이라고 말해 준다. 하지만 하나님은 여전히 그들을 사랑하셔서 하나님의 아들 예수님을 보낼 계획을 가지고 계셨다고 이야기해 준다.

❸ 간식을 먹은 후 마무리 정리를 잘하도록 지도한다.

마무리

준비물 ▶ 유치부 교재 47쪽 메시지 카드, 소그룹 활동지, 파일

❶ 이번 주 메시지 카드로 부모님과 함께 오늘 배운 성경 이야기를 나누어 보라고 한다.

가족과 활동해요

- 가족 또는 이웃과 함께 '깃발 되찾기' 게임을 해 보세요. 그런 다음 남 유다의 포로 생활 이야기를 들려주고, 예수님이 우리 대신 벌을 받으셨다는 사실을 설명해 주세요.
- 깃발 되찾기 게임: 사람들을 2팀으로 나누어, 상대방의 영역에 자기 팀의 깃발을 꽂은 상태에서 게임을 시작합니다. 자기 깃발을 먼저 되찾아 온 팀이 이깁니다.

❷ 소그룹 활동지를 떼어 파일에 끼우고 가방에 정리하게 한다.

❸ 아이들을 위해 기도한다.

> 인도자 하나님, 하나님의 아들이신 예수님을 우리의 영원한 왕으로 보내 주셔서 감사해요. 예수님은 우리가 하나님을 따르도록 좋은 길로 인도하시는 좋은 왕이실 뿐 아니라 우리가 받을 벌까지 대신 받으셨어요. 우리의 삶을 통해 우리 왕이 얼마나 위대한 분이신지 나타낼 수 있도록 도와주세요. 예수님의 이름으로 기도합니다. 아멘.

❹ 아이를 데리러 온 부모에게 아이가 특별히 즐거워했거나 잘했던 활동들에 대해 이야기해 주고, 가정에서 성경 읽기와 가족 활동을 진행할 수 있도록 격려한다.

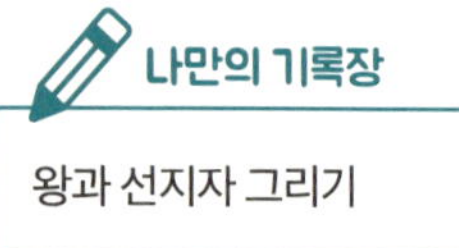

나만의 기록장

왕과 선지자 그리기

13

에스겔이 앞날의 소망을 이야기했어요

주제　하나님은 하나님의 백성을 다시 고향으로 데려올 계획을 세우셨어요.

예수님 생각하기　하나님은 에스겔에게 마른 뼈로 가득 찬 골짜기를 보여 주셨어요. 하나님께 불순종하는 사람은 마른 뼈와 같아요. 하지만 하나님은 우리의 죄를 없애려고 예수님을 보내 주셨어요. 죄에서 돌아서서 예수님을 믿고 의지할 때 하나님은 우리에게 생명을 주시고 영원히 하나님과 살 수 있게 해 주세요.

단원 암송　렘 31:33

성경의 초점　우리는 왜 하나님께 순종해야 하나요? 하나님이 우리를 사랑하시기 때문이에요.

에스겔은 힘든 일을 맡았습니다. 하나님의 징벌을 받는 백성을 돌보는 일이었습니다. 유배를 간 남 유다 백성은 자신들의 상황을 온통 하나님 탓으로 돌렸습니다. 그들은 불공평하다고 주장했습니다(겔 18:25 참조).

에스겔은 유배 생활의 책임은 바로 그들에게 있다고 말했습니다. 그들이 하나님과의 언약을 어겨 하나님의 진노를 샀기 때문입니다. 그들은 응당 받을 벌을 받은 것이었습니다. 오히려 하나님은 "죽을 자가 죽는 것도 내가 기뻐하지 아니하노니 너희는 스스로 돌이키고 살지니라(겔 18:32)"라고 말씀하셨습니다.

하나님은 에스겔에게 환상을 보여 주셨습니다. 에스겔은 마른 뼈로 가득 찬 골짜기를 보았습니다. 마른 뼈들은 이스라엘을 나타냅니다. 하나님이 그 뼈들에 힘줄과 살과 피부를 더하실 것이라고 에스겔은 예언했습니다. 하나님이 마른 뼈에 숨을 불어넣어 살아나게 하실 것이라고 말했습니다.

우리는 죄로 인해 죽은 사람들입니다(엡 2:1 참조). 죄는 우리와 하나님 사이를 갈라놓습니다. 하나님은 거룩하신 분이기 때문입니다. 우리는 하나님이 계신 곳에서 멀리 떨어져 있습니다. 하지만 하나님은 우리의 죽음을 기뻐하지 않으십니다. 하나님은 오래 참으시며, 우리가 회개하고 생명을 얻기를 원하십니다!

에스겔이 죽고 수백 년이 흐른 뒤, 하나님의 임재가 임마누엘이신 예수 그리스도를 통해 하나님의 백성을 찾아왔습니다. 임마누엘은 '우리와 함께하시는 하나님'이라는 뜻입니다. 예수님은 생명의 근원이십니다. 그분은 우리에게 생명의 물을 주십니다(요 4:10, 14 참조). 그 물을 마시지 않으면 우리 안에는 마른 뼈들처럼 아무 생명이 없습니다.

●● 티칭 포인트

에스겔이 본 마른 뼈는 죄로 인해 죽은 우리를 상징한다는 것을 아이들이 알 수 있도록 도와주십시오. 도저히 살아날 수 없을 것 같은 마른 뼈가 살아나듯 하나님은 하나님의 백성을 예수님을 통해 다시 살리셨다는 것을 강조해 주십시오. 예수님은 모든 것을 바꾸십니다.

복음주의 기독교 변증가인 라비 재커라이어스(Ravi Zacharias)는 이렇게 말했습니다. "예수님은 나쁜 사람을 착하게 만드시려는 것이 아니다. 죽은 사람을 살리시려는 것이다." 정말로 그렇습니다. 하나님은 은혜로 우리를 구원하십니다. 성령 하나님을 통해 우리를 그리스도와 함께 다시 살리십니다(엡 2:4~5 참조).

에스겔이 앞날의 소망을 이야기했어요

겔 37장

하나님이 에스겔에게 환상을 보여 주셨어요. 환상에서 하나님은 에스겔을 골짜기로 데려가셨어요. 골짜기에는 마른 뼈가 가득했어요. 에스겔은 뼈가 있는 골짜기 사이로 걸어갔어요. 하나님은 에스겔에게 "이 뼈들이 살 수 있겠느냐?"라고 물으셨어요. 에스겔은이렇게 대답했어요. "주 여호와여, 그 답은 오직 하나님만 아십니다."

하나님이 에스겔에게 말씀하셨어요. "나를 대신해 이 뼈들에게 말하라. '마른 뼈들아, 하나님의 말씀을 들어라! 내가 너희 안에 숨을 불어 넣어 너희가 다시 살아나게 할 것이다. 그러면 너희는 살아나고, 내가 하나님인 줄 알 것이다.'"

에스겔이 하나님의 명령대로 뼈들에게 말하자 놀라운 일이 일어났어요! 갑자기 달그락거리는 소리가 나고 뼈들이 움직이면서 서로 연결되었어요. 뼈가 서로 연결되고, 뼈 위에 힘줄과 살이 붙더니, 그 위에 피부가 덮였어요. 하나님이 말씀하신 대로 되었어요! 하지만 아직 숨을 쉬지는 않았어요.

하나님이 말씀하셨어요. "나 대신 말하라. '하나님의 말씀이다. 생기야, 사방에서 나와서 뼈에게 들어가 그들이 살아나게 하라!'" 에스겔이 하나님의 명령대로 말하자 뼈들에 생기가 들어갔어요. 뼈들은 살아났고, 매우 큰 군대가 되어 에스겔 앞에 섰어요.

하나님은 에스겔에게 눈앞에서 벌어지고 있는 일의 의미를 알려 주셨어요. "이 뼈들은 이스라엘 백성이다. 그들은 자기들의 뼈들이 모두 말라 버렸고, 자기들에게는 앞날이 없다고 생각한다. 네가 나 대신 내 백성에게 말하라."

하나님의 백성은 슬픔에 잠겨 있었어요. 고향을 떠나 낯선 땅에 살며 다른 나라의 왕을 섬겨야 했기 때문이에요. 그래서 하나님은 에스겔에게 이렇게 말하라고 하셨어요. "내가 내 백성을 이스라엘 땅으로 다시 데려올 것이다. 내 백성은 내가 그들의 조상에게 준 땅에서 영원히 살 것이다. 그때 그들이 내가 하나님인 줄 알게 될 것이다."

하나님은 에스겔에게 막대기 하나를 가져다가 그 위에 '유다와 그의 친구들'이라고 쓰라고 하셨어요. 그리고 또 다른 막대기 위에는 '요셉과 그의 친구, 모든 이스라엘 족속'이라고 쓰라고 하셨어요.

첫 번째 막대기는 남 유다의 왕국을, 두 번째 막대기는 북 이스라엘 왕국을 나타내요. 하나님은 에스겔에게 두 막대기가 하나가 되도록 잡으라고 하셨어요. 그러고는 하나님의 백성이 다시 하나가 될 것이라고 말씀하셨어요. 그들은 더 이상 두 나라로 나뉘어 있지 않고, 하나의 나라가 될 거예요. 하나님의 백성은 새 왕도 갖게 될 거예요! 새 왕은 목자처럼 백성을 돌볼 거예요.

하나님은 하나님의 백성이 고향 땅으로 돌아가고, 다시는 포로로 잡혀가지 않을 것이라고 약속하셨어요. "내가 그들과 함께하겠다. 나는 그들의 하나님이 되고, 그들은 내 백성이 될 것이다."

● ● 예수님 생각하기
하나님은 에스겔에게 마른 뼈로 가득 찬 골짜기를 보여 주셨어요. 하나님께 불순종하는 사람은 마른 뼈와 같아요. 하지만 하나님은 우리의 죄를 없애려고 예수님을 보내 주셨어요. 죄에서 돌아서서 예수님을 믿고 의지할 때 하나님은 우리에게 생명을 주시고 영원히 하나님과 살 수 있게 해 주세요.

가스펠 준비

싱글벙글 환영해요

"하나님의 새 약속"(지도자용 팩)을 배경음악으로 튼다. 아이들을 반갑게 맞이하며 헌금과 기도를 도와준다. 예배 중 헌금 순서가 있다면 아이들이 헌금을 잘 간수하도록 돕는다. 가방과 외투를 정리하도록 안내한다. 새로 온 아이가 있다면 음수대와 화장실의 위치를 알려 주고, 보호자와 만나는 시간과 방법 등을 소개한다. 보호자들을 위한 안내문을 붙여 아이와 만나는 시간, 기다리는 장소, 헌금 방법, 아이에 대한 특별한 주의 사항을 교사에게 미리 알려 주기 등을 공지한다.

너랑 나랑 마음 열기

주제와 관련 있는 퍼즐이나 블록 등 아이들이 좋아하는 장난감을 몇 가지 비치해 두고 다양한 활동을 하며 예배를 준비하도록 돕는다. 아이들이 마음을 열고 오늘의 주제에 관심을 갖게 하며 예배에 집중할 수 있도록 도와준다. 교회 형편에 맞게 시간과 활동 방법을 조절한다.

숨을 참아 보아요 ✱ ·· 준비물 ▶ 스톱워치

❶ 모든 사람은 숨을 쉬어야 살 수 있다는 사실에 대해 질문하며 이야기를 나누어 본다.
예) "숨을 쉬지 않는 사람은 어떻게 될까요?", "갑자기 숨이 쉬어지지 않은 적이 있나요?" 등.

❷ 스톱워치를 이용해 일정 시간을 정해 다 같이 숨을 참아 보자고 한다.
tip 무리가 되지 않도록 주의한다.

❸ 숨을 참았을 때 어떤 기분이었는지 서로 이야기를 나누도록 지도한다.

인도자 숨을 쉬지 않으면 그 누구도 살 수 없어요. 죽은 사람은 숨을 쉬지 않지요. 우리는 숨을 잠시 동안 참을 수 있지만, 죽은 사람이 숨을 다시 쉬게 되는 일이 과연 가능한 일일까요? 그런데 오늘의 성경 이야기에서는 뼈들이 다시 살아나는 일이 일어났대요. 무슨 일일까요? 우리 함께 알아보아요.

동물처럼 숨을 쉬어요 ✻

준비물 ▶ 동물들이 숨 쉬는 장면이 담긴 영상 자료

❶ 다양한 동물들이 숨 쉬는 방법에 대해 알려 준다. 이때 영상 자료를 사용하면 좋다.

❷ 아이들에게 동물들이 숨 쉬는 모습을 흉내 내 보자고 말한다. 인도자가 먼저 시범을 보이면 아이들이 따라 하도록 한다.

예) • 토끼 : 코로 세 번 짧게 숨을 들이쉰 다음, 한 번 길게 코로 내쉰다.
   • 곰 : 숨을 참고 셋을 센 다음, 천천히 코로 숨을 한 번 들이쉬고, 한 번 내쉰다.
   • 코끼리 : 팔로 코끼리 코 모양을 만든 채, 손을 머리 위로 들고 코로 숨을 한 번 들이쉬고, 손을 내리고 입으로 한 번 내쉰다.
   • 뱀 : 코로 숨을 한 번 들이쉬고, "쉬~"소리를 내며 입으로 한 번 내쉰다.

인도자 숨을 쉰다는 것은 살아 있다는 뜻이에요. 오늘의 성경 이야기에서 하나님은 마른 뼈들이 가득한 골짜기를 보여 주셨어요. 하나님이 마른 뼈들에 숨을 불어 넣으셨더니 뼈들이 살아났어요! 무슨 일인지 궁금하지요? 오늘의 성경 이야기를 잘 들어 보세요.

예배 대형으로 모이기

• 카운트다운 영상, 모이기 노래, 불 끄기, 리듬에 맞춰 손뼉 치기 등을 활용해 예배 대형으로 바꾸고 마음을 준비하게 한다.
• 공간을 이동해야 한다면 몸을 뼈 없는 문어처럼 움직이며 가도록 한다.

가스펠
설교

하나 — 들어가기

아이들에게 정강이(무릎 아래에서 앞 뼈가 있는 부분)를 눌러 보라고 한다.

여러분, 정강이를 눌러 보았더니 무엇인가 딱딱한 것이 느껴졌지요? 그 뼈가 바로 정강이뼈예요. 우리 몸에는 200개가 넘는 뼈가 있대요. 정말 많지요? 오늘의 성경 이야기에서 하나님은 에스겔 선지자에게 마른 뼈가 살아나는 환상을 보여 주셨어요. 과연 이 환상의 뜻이 무엇인지 함께 알아보기로 해요.

둘 — 성경 이야기

에스겔 37장을 편다. 설교 영상(지도자용 팩)을 보여 주거나 이야기 성경을 들려준다.

성경은 세상에서 가장 중요한 책이에요. 하나님의 말씀이 들어 있기 때문이에요. 성경 속의 이야기는 모두 실제로 일어났던 일이에요. 오늘의 성경 이야기는 '에스겔서'에 나온답니다.

셋 — 메시지와 정리

하나님의 백성은 하나님이 그들에게 주신 나라가 아니라 다른 나라에 살고 있었어요. 하지만 하나님은 그들을 잊지 않으셨어요. **하나님은 하나님의 백성을 다시 고향으로 데려올 계획을 세우셨어요.** 그들은 다시 한 나라가 될 거예요. 하나님은 "나는 그들의 하나님이 되고, 그들은 내 백성이 될 것이다"라고 말씀하셨어요.

연대표(지도자용 팩)를 가리키면서 복습 질문을 한다.

1. 에스겔은 환상에서 무엇을 보았나요? 마른 뼈가 골짜기에 가득한 모습
2. 하나님은 뼈들에게 어떻게 하라고 말씀하셨나요? 뼈들에게 하나님의 명령을 전하라고 말씀하셨다
3. 하나님은 누가 마른 뼈 같다고 말씀하셨나요? 하나님의 백성
4. 하나님은 하나님의 백성을 어떻게 할 것이라고 말씀하셨나요? **하나님의 백성을 다시 고향으로 데려와** 한 나라로 만들고, 새 왕을 줄 것이라고 하셨다

넷 — 성경의 초점

우리도 에스겔이 본 환상에 나온 마른 뼈들과 같아요. 하지만 하나님은 우리에게 생명을 주려고 예수님을 보내셨어요. 아주 중요한 질문을 할게요. 대답해 보세요. **"우리는 왜 하나님께 순종해야 하나요?"** 아이들의 대답을 기다린다. 잘했어요. 질문의 답은 **"하나님이 우리를 사랑하시기 때문이에요"**이지요. 하나님이 우리를 얼마나 사랑하시는지, 그리고 우리를 죄에서 구하기 위해 얼마나 큰 값을 치르셨는지 기억할 때 우리는 하나님께 순종하고 싶어져요.

다섯 — 복음 초청

성경과 90쪽 복음 초청 가이드를 이용해서 아이들에게 그리스도인이 되는 법을 설명해 준다. 따로 상담해 줄 사람을 정해 주고 궁금한 점이 있으면 물어보도록 격려한다.

이 시간 예수님을 마음에 모시고 싶은 친구는 함께 기도해요.

여섯 — 기도

하나님, 하나님의 백성을 잊지 않고 다시 살리시는 하나님의 사랑을 기억해요. 하나님의 사랑을 생각할 때 기쁘게 순종할 수 있어요. 하나님, 저도 하나님의 사랑을 잊지 않고 순종할 수 있게 해 주세요. 예수님의 이름으로 기도합니다. 아멘.

일곱 — 암송송

성경에서 예레미야 31장 33절을 펴고 큰 소리로 여러 번 따라 읽게 한다.

3단원 암송 구절을 보면 하나님이 하나님의 백성에게 하신 약속이 생각나요. 하나님은 백성의 마음을 바꾸어 줄 것이라고 약속하셨어요. 하나님은 하나님의 영을 백성에게 보내 그들이 하나님께 순종하는 일을 돕게 하실 계획이었어요.

암송송(161쪽)에 맞추어 손유희를 하며 말씀을 익힌다.

"그날 후에 내가 이스라엘 집과 맺을 언약은 이러하니 곧 내가 나의 법을 그들의 속에 두며 그들의 마음에 기록하여 나는 그들의 하나님이 되고 그들은 내 백성이 될 것이라 여호와의 말씀이니라"(렘 31:33).

tip 전체 구절 암송이 어려운 경우에는 표시 부분을 발췌해 외워도 좋다.

가스펠
소그룹

말씀 놀이

마른 뼈가 살아나도록 제자리를 찾아 주세요!

준비물 ▶ 유치부 교재 30쪽, 색연필

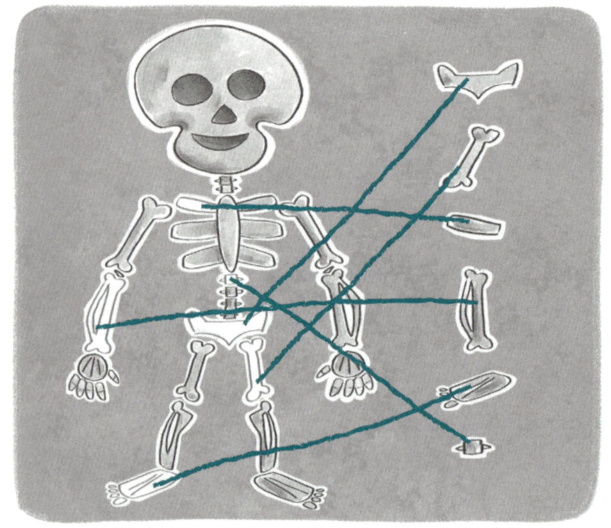

이야기 나누기
- 에스겔은 어떤 환상을 보았나요?
- 하나님의 백성을 다시 고향으로 돌아가게 하실 수 있는 분은 누구이신가요?

❶ 하나님은 마른 뼈를 살아나게 하실 수 있는 분이며 죽은 자를 살리실 수 있다고 말해 준다.

❷ 그림에서 마른 뼈들이 들어갈 알맞은 자리를 찾아 선을 그어 보라고 한다.

인도자 오늘의 성경 이야기에서 하나님은 마른 뼈들을 통해 하나님의 백성을 향한 기쁜 소식을 에스겔에게 전하셨어요. 하나님은 에스겔에게 보여 주신 뼈들에게 생명을 주신 것처럼 하나님의 백성에게도 생명을 주실 거예요. **하나님은 하나님의 백성을 다시 고향으로 데려올 계획을 세우셨어요.**

하나님께 불순종하는 사람은 마른 뼈와 같아요. 하지만 하나님은 우리의 죄를 없애려고 예수님을 보내 주셨어요. 죄에서 돌아서서 예수님을 믿고 의지할 때 하나님은 우리에게 생명을 주시고 영원히 하나님과 살 수 있게 해 주세요.

도형을 하나 되게 해요 *

준비물 ▶ 다양한 색도화지, 가위

❶ 다양한 색도화지로 다양한 도형(원, 타원, 정사각형, 직사각형, 삼각형 등)을 오려 둔다.

❷ 모든 도형을 반으로 자른 뒤 책상 위에 늘어놓고, 아이들에게 도형의 짝을 찾아 하나 되게 해 보라고 한다.

인도자 오래전 이스라엘은 두 나라로 나뉘었어요. 북쪽의 이스라엘 왕국과 남쪽의 유다 왕국이었지요. 하나님은 유다와 이스라엘이 다시 하나가 되게 하겠다고 말씀하셨어요. **하나님은 하나님의 백성을 다시 고향으로 데려올 계획을 세우셨어요.** 이스라엘은 다시 하나의 나라가 될 것이고, 하나님의 백성은 하나님이 조상들에게 주신 약속의 땅에서 살게 될 거예요.

고향으로 돌아가! * ──────────────────────────

❶ 마스킹 테이프를 이용해 '감옥' 영역을 만들어 놓는다. 대부분의 아이들이 들어가야 하므로 넉넉한 크기로 만들어 둔다.

❷ 아이들에게 지시를 수행하지 못하면 감옥에 들어가야 한다는 정보를 주고, 모두 실패할 수밖에 없는 지시를 내린다.

예) 눈 감고 한 발 들고 비틀거리지 않고 계속 서 있기, 팔 굽혀 펴기 10회 실시 등.

❸ 실패한 아이들은 모두 감옥으로 보낸다.

❹ 대부분 혹은 모든 아이가 감옥에 들어갔다면 1분 동안 감옥에 가두어 두었다가 "고향으로 돌아가!"라고 외친다. 아이들에게 이제 자유롭게 나와 예배실 곳곳을 돌아다닐 수 있다고 말해 준다.

❺ 다양한 지시 사항을 제시해 게임을 반복한다.

tip 아이들에게 인도자의 역할을 맡겨 "고향으로 돌아가!"라고 외치게 해도 좋다.

인도자 **하나님은 하나님의 백성을 다시 고향으로 데려올 계획을 세우셨어요.** 하나님은 에스겔에게 보여 주신 마른 뼈들에게 생명을 주신 것처럼, 하나님의 백성에게도 생명을 주실 계획이었어요. 그들은 하나님이 그들에게 주신 고향 땅으로 돌아가게 될 거예요. 하나님께 불순종하는 사람은 마른 뼈와 같아요. 하지만 하나님은 우리의 죄를 없애려고 예수님을 보내 주셨어요. 죄에서 놀아서서 예수님을 믿고 의지할 때 하나님은 우리에게 생명을 주시고 영원히 하나님과 살 수 있게 해 주세요.

멍멍아, 멍멍아, 네 뼈는 어디 있니? * ────────────

❶ 아이들을 안쪽을 바라보며 둥글게 앉힌 뒤 한 명을 뽑아 '멍멍이' 역할을 맡긴다.

❷ '멍멍이'를 원 한가운데 앉히고 뒤에 장난감 뼈다귀를 갖다 놓는다.

❸ '멍멍이'가 눈을 감은 사이 한 아이에게 몰래 뼈다귀를 가지고 자기 자리로 돌아와 숨기라고 귓속말로 말해 준다.

❹ 아이들과 함께 "멍멍아, 멍멍아, 네 뼈는 어디 있니? 누가 몰래 가져갔네. 누굴까? 너지?"라는 말을 박자를 맞추어 외친다. 미리 연습해 보는 것이 좋다.

❺ '멍멍이'가 눈을 뜨고 주위를 살펴 뼈다귀를 가져간 사람을 찾아 외친다. 기회를 3회 주고, 정답을 맞히면 뼈를 가져간 아이와 '멍멍이' 역할을 바꾼다.

인도자 오늘의 성경 이야기에는 뼈가 많이 나와요. 우리가 활동했던 멍멍이 뼈는 아니에요. 하나님은 마른 뼈가 가득한 골짜기를 에스겔에게 보여 주셨어요. 아무런 소망이 없다고 말하는 뼈들에게 하나님은 생명을 주셨어요. 하나님은 하나님의 백성을 회복시키실 거예요! 그들은 하나님이 그들에게 주신 고향 땅으로 돌아가게 될 거예요. **하나님은 하나님의 백성을 다시 고향으로 데려올 계획을 세우셨어요.** 하나님께 불순종하는 사람은 마른 뼈와 같아요. 하지만 하나님은 우리의 죄를 없애려고 예수님을 보내 주셨어요. 죄에서 돌아서서 예수님을 믿고 의지할 때 하나님은 우리에게 생명을 주시고 영원히 하나님과 살 수 있게 해 주세요.

털실로 그림을 그려요 *

준비물 ▶ 갈색과 노란색 털실, 색도화지, 풀, 가위

❶ 색도화지를 아이들의 수만큼 준비해 두고, 갈색과 노란색 털실을 5cm 정도 크기로 잘라 둔다.

❷ 아이들에게 색도화지를 나누어 준 뒤 반으로 접게 한다.

❸ 색도화지를 세로로 길게 놓고 위쪽에는 왕관을, 아래쪽에는 목자의 지팡이를 그리게 한다. 아이들이 참고할 수 있도록 사진 자료를 준비해 두면 좋다.

tip 테두리를 따라 털실을 붙여야 하므로 크고 선명하게 그리도록 지도한다. 연령대가 낮은 경우 교사가 대신 그려 주어도 좋다.

❹ 그림의 테두리를 따라 풀을 바르고, 왕관에는 노란색 털실을, 목자의 지팡이에는 갈색 털실을 붙이도록 지도한다.

인도자 **하나님은 하나님의 백성을 다시 고향으로 데려올 계획을 세우셨어요.** 하나님의 백성에게는 새 왕도 생길 거예요! 새 왕은 목자처럼 백성을 잘 돌볼 거예요. 그는 바로 예수님이시랍니다! 우리가 죄에서 돌아서서 예수님을 믿고 의지할 때 하나님은 우리의 죄를 없애 주시고 하나님과 영원히 함께할 수 있게 해 주세요.

뼈 모양의 간식을 만들어요 *

준비물 ▶ 프레첼 스틱, 마시멜로, 접시(뼈 간식이 담길 만한 크기), 화이트초콜릿, 전자레인지, 전자레인지용 그릇, 숟가락, 포크, 종이 포일, 앞치마, 머릿수건

❶ 아이들에게 프레첼 스틱과 마시멜로를 접시에 담아 나누어 주고, 프레첼 스틱 양 끝에 마시멜로를 끼워 뼈 모양의 간식을 만들어 보도록 한다.

tip 뼈 모양이 되도록 인도자가 먼저 시범을 보여 주는 것도 좋다.

❷ 인도자는 화이트초콜릿을 그릇에 담아 전자레인지에 넣어 녹인다.

tip 전자레인지가 없을 경우 휴대용 가스레인지에 중탕으로 녹여도 좋다.

❸ 아이들에게 자신이 만든 뼈 간식을 화이트초콜릿 소스에 담그라고 한다.

❹ 포크로 건져 올려 종이 포일에 올리고 굳을 때까지 기다리면 뼈 간식이 완성된다.

❺ 시간과 재료에 여유가 있다면 여러 개의 뼈 간식을 만들어 본다.

> **인도자** **하나님은 하나님의 백성을 다시 고향으로 데려올 계획을 세우셨어요.** 하나님은 에스겔이 하나님의 백성에게 하나님의 계획을 알려 주기를 바라셨어요.
>
> 하나님은 에스겔에게 마른 뼈로 가득 찬 골짜기를 보여 주셨어요. 하나님께 불순종하는 사람은 마른 뼈와 같아요. 하지만 하나님은 우리의 죄를 없애려고 예수님을 보내 주셨어요. 죄에서 돌아서서 예수님을 믿고 의지할 때 하나님은 우리에게 생명을 주시고 영원히 하나님과 살 수 있게 해 주세요.

다시 살아나라!

❶ 아이들에게 예배당 곳곳에 누워 있다가 인도자의 말을 듣고 그대로 따라 하라고 한다.

❷ 인도자는 다음의 순서대로 이야기한다.

　　1. "나는 뼈예요. 절대로 움직이지 않지요. 나에게는 생명이 없답니다."

　　2. "하나님이 내게 생명을 주셨어요. 나의 발이 꼼지락꼼지락 움직이기 시작해요."

　　3. "이게 무슨 일일까요? 내 손가락도 움직이기 시작해요." 다양한 신체가 움직이는 활동을 반복한다.

　　4. "나는 완전히 살아났어요! 나는 이제 일어날 수 있고, 걸을 수도 있어요. 폴짝폴짝 뛸 수도 있어요."

　　5. "나에게 숨을 불어 넣어 주신 하나님께 감사의 박수를 드려요!"

❸ 아이들이 충분히 활동할 수 있도록 반복해서 진행한다.

> **tip** 인도자가 먼저 시범을 보여 주어도 좋다.

> **인도자** 하나님은 에스겔에게 마른 뼈로 가득 찬 골짜기를 보여 주셨어요. 아무런 소망이 없다고 말하는 뼈들에게 하나님은 생명을 주셨어요. 하나님은 하나님의 백성을 회복시키실 거예요! **하나님은 하나님의 백성을 다시 고향으로 데려올 계획을 세우셨어요.** 하나님께 불순종하는 사람은 마른 뼈와 같아요. 하지만 하나님은 우리의 죄를 없애려고 예수님을 보내 주셨어요. 죄에서 돌아서서 예수님을 믿고 의지할 때 하나님은 우리에게 생명을 주시고 영원히 하나님과 살 수 있게 해 주세요.

간식

❶ 카운트다운 영상, 정리하기 노래 등을 활용해 활동이 끝났음을 알린다. 아이들에게 주변을 정리하게 하고, 화장실에 가거나 물티슈 등을 이용해 손을 씻을 시간을 준다.

❷ 감사 기도를 드리고 "가스펠 소그룹" 활동 시 만든 뼈 간식을 나누어 준다. 하나님이 에스겔에게 마른 뼈로 가득 찬 골짜기를 보여 주셨는데, 아무런 소망이 없다고 말하는 뼈들에게 하나님이 생명을 주셨다고 말해 준다. 기쁜 마음으로 간식을 먹도록 한다.

❸ 간식을 먹은 후 마무리 정리를 잘하도록 지도한다.

마무리

❶ 이번 주 메시지 카드로 부모님과 함께 오늘 배운 성경 이야기를 나누어 보라고 한다.

가족과 활동해요

• 가족들이 사용하지 않는 성경을 모아 교도소 사역을 하는 선교 단체에 기증해 보세요.
• 작은 뼈 모형 세트를 구해 아이들과 함께 종이 위에 정렬한 뒤 풀로 붙여 보세요. 예수님이 우리를 어떻게 살리시는지 아이들과 이야기를 나누어 보세요.

❷ 소그룹 활동지를 떼어 파일에 끼우고 가방에 정리하게 한다.

❸ 아이들을 위해 기도한다.

> **인도자** 하나님, 하나님은 하나님의 백성을 결코 잊지 않으세요. 하나님은 하나님의 백성에게 새 생명을 주기로 하셨어요. 우리가 죄에서 돌아서서 예수님을 믿고 의지할 때 우리 죄를 용서하시고 새 생명을 주셔서 감사해요. 예수님의 이름으로 기도합니다. 아멘.

❹ 아이를 데리러 온 부모에게 아이가 특별히 즐거워했거나 잘했던 활동들에 대해 이야기해 주고, 가정에서 성경 읽기와 가족 활동을 진행할 수 있도록 격려한다.

🖋 나만의 기록장

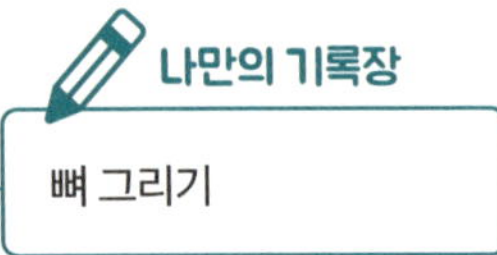

히브리서 1:1~2상

원곡 : 새찬송가 96장(예수님은 누구신가)

편곡 : 김효정

요엘 2:13

작곡 : 김효정

DM7 Bm7 G2 Asus4-7
1.
너 희는 옷을찢지말고 — 마음을찢고너희 하나님여호와께 로 너 희는
Asus4-7 G A7 D G
2.
로 돌 아 올 — 지 어 — 다 그 는 은 혜 로 우 시 며 —
F#m7 Bm7 Em7 A7 D G
자 비 로 우 시 며 — 노 하 기 를 더 디 하 시 며 인 애 가 크 시 사
F#m7 Bm7 Em7 D/F# G A7 D
뜻 을 돌 이 켜 재 앙 을 내 리 지 아 니 하 시 나 니

그는
(머리 토닥토닥)
은혜로우시며
(어깨 토닥토닥)
자비로우시며
노하기를 더디 하시며
(손 뒷짐, 고개를 끄덕끄덕)
인애가 크시사
(오른손으로 원을 그리며 위로 펌)
뜻을 돌이켜
(왼손으로 원을 그리며 펌)
재앙을 내리지
(두 손을 위아래로 파도치듯이)
아니하시나니
(양 옆으로 쭉 펌)

예레미야 31:33

원곡 : 작은 별

작곡 : W.A.Mozart
편곡 : **김효정**

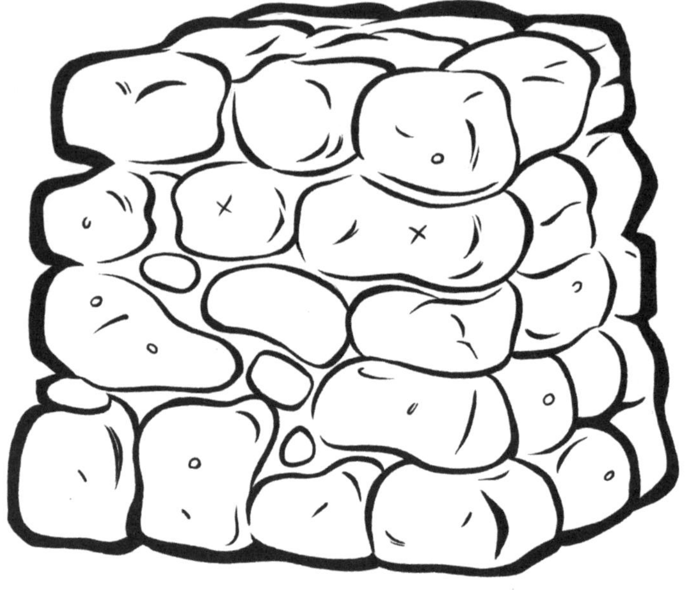

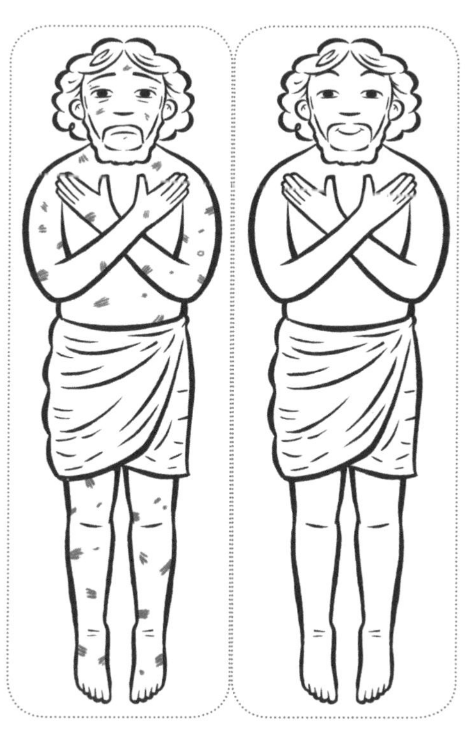

월 ___________

주일	월요일	화요일	수요일	목요일	금요일	토요일

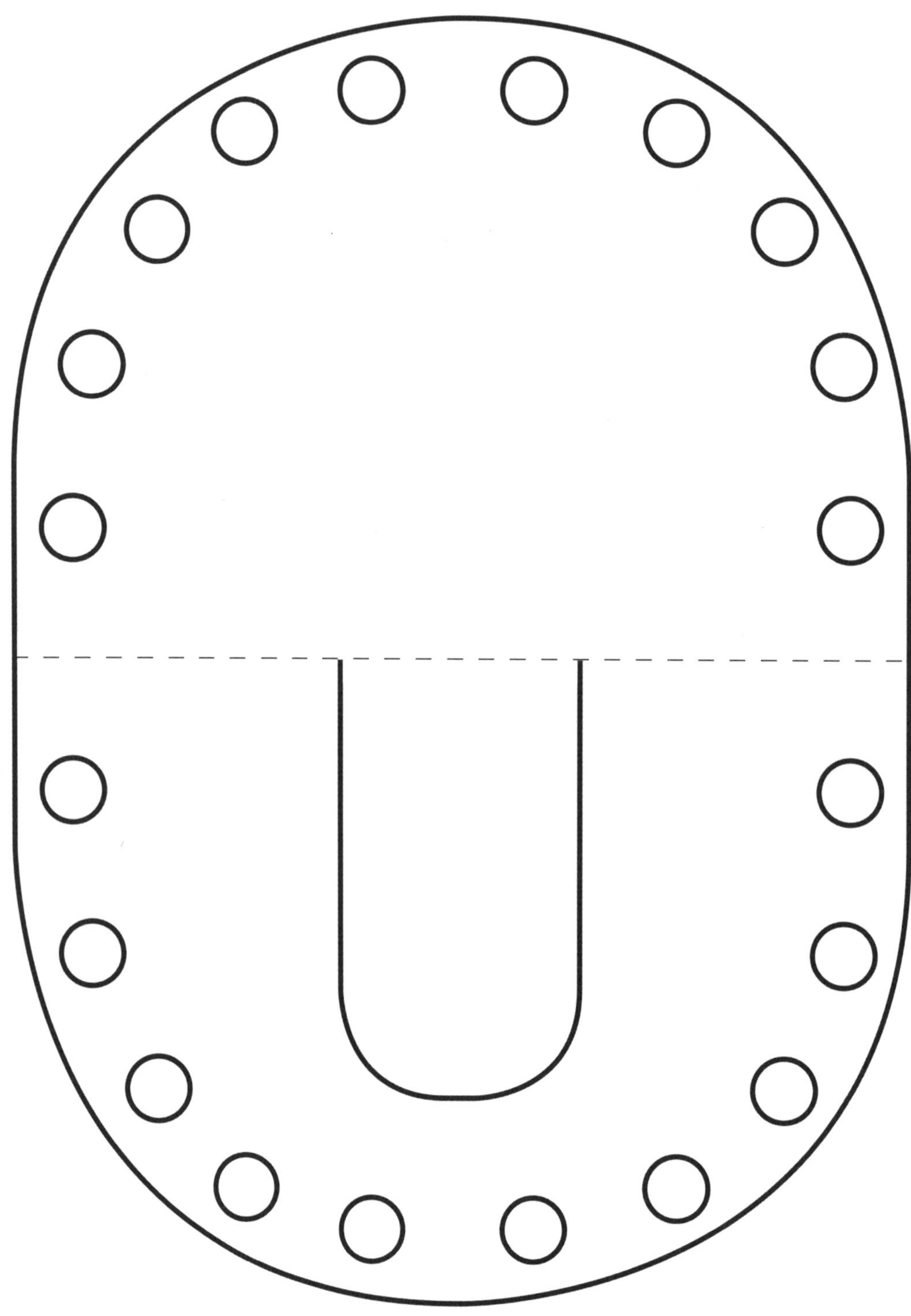

교회 사역에서 결정적인 30초!

지역 교회 사역을 처음 시작했을 때 교회 지도자들에게서 교회를 처음 찾은 방문객들이 경험하게 되는 처음 몇몇 순간들이 얼마나 중요한지에 관해 설명을 들었습니다. 교회가 방문객들에게 호의를 표현하는 일은 매우 중요합니다. 우리가 다른 사람들을 반갑게 맞이하는 이유는 예수 그리스도께서 우리를 그렇게 대하셨기 때문입니다.

저는 아버지가 된 후 결정적인 순간을 하나 더 발견했습니다. 예배와 공과 공부 시간이 끝난 뒤 부모님들이 아이들을 데려가는 30초의 순간이 바로 그것입니다!

어떤 교회들은 이 30초를 '관계 지향적 의도성'을 가지고 활용합니다. 그들은 제자도의 가족적 특성을 전략적으로 생각해 교사나 교역자들이 관계 지향적으로 호의를 가지고 행동하도록 훈련시킵니다. 그 결정적인 30초가 관계 지향적 의도성을 띨 때 다음 두 가지 일이 일어납니다.

1. 부모님들이 교회와 개인적으로 교류할 수 있는 기회가 됩니다

수많은 부모님이 체험 수업이나 학부모 상담에 참여하는 이유가 있습니다. 꼭 그리스도인이 아니더라도 부모라면 누구나 자기 자녀들에게 영향을 주고 있는 사람이 누구인지, 자녀들이 자기가 속한 환경에서 어떻게 지내고 있는지 알고 싶어 합니다. 아버지나 어머니가 아이를 데리러 오는 30초야말로 부모님들이 자기 가족이 교회에서 사랑받고 있으며 소중히 여겨지고 있다는 사실을 알고 느낄 수 있는 더할 수 없이 좋은 기회입니다.

2. 부모님들이 가족을 인도하는 데 도움을 받을 기회가 됩니다

제게는 어린 딸이 두 명 있습니다. 딸들과 함께 '교회에서 무엇을 배웠는지'에 관해 이야기를 나눌 때면 그날 배운 성경 이야기가 담긴 활동지나 부모용 가정통신문이 있을 경우 훨씬 수월했습니다. 대화 수준의 차이는 순전히 교회가 학부모인 제게 제공한 도구에 달려 있었습니다.

저는 목사입니다. 그러니까 딸이 엘리야를 잘못 말하여 "엘사가 하나님께 불을 붙여 달라고 기도하는 이야기 있잖아요!"라고 말해도 그 과의 내용이 무엇인지 압니다. 하지만 성경 공부를 많이 해 보지 않은 아버지라면 어떨까요? 이런 상황에서 어린 딸과 어떤 대화를 나누게 될까요?

부모님들이 가족을 잘 인도할 수 있도록 돕는 일이 30초의 배웅 시간보다 훨씬 중요합니다.

여러분은 지금 관계 지향적으로, 그리고 의도적으로 그 시간을 사용하고 있습니까? 유치부 어린이들의 아버지, 어머니들을 돌보는 일에 관계 지향적이 되십시오. 그리고 그들이 자녀들과 주님에 대해 대화를 나눌 수 있도록 도와주고자 하는 의도를 가지십시오.

이 글을 쓴 에릭 가이거(Eric Geiger)는 LifeWay의 부회장입니다.

1권	2권	3권	4권	5권	6권
위대한 시작	**하나님의 구출 계획**	**약속의 땅**	**왕국의 성립**	**선지자와 왕**	**돌아온 하나님의 백성**
창	출, 레, 신	민, 수, 삿, 룻, 삼상	삼상, 삼하, 왕상, 욥, 전, 시, 잠	왕상, 왕하, 대하, 사, 렘, 겔, 호, 욘, 욜	단, 에, 느, 말

1단원

창조의 하나님	구출하시는 하나님	구원의 하나님	왕이신 하나님	계시하시는 하나님	도와주시는 하나님
1. 하나님이 세상을 창조하셨어요 2. 하나님이 사람을 창조하셨어요 3. 죄가 세상에 들어왔어요 4. 가인과 아벨이 제물을 드렸어요 5. 하나님이 노아와 가족을 구해 주셨어요 6. 바벨탑을 쌓던 사람들이 흩어졌어요	1. 모세를 부르셨어요 2. 이스라엘 백성은 재앙을 피했어요 3. 홍해를 건넜어요 4. 광야에서 시험을 치렀어요 5. 금송아지를 만들었어요	1. 약속의 땅을 정탐했어요 2. 놋뱀을 바라보았어요 3. 하나님이 여리고성을 주셨어요 4. 죄 때문에 아이성 전투에서 졌어요 5. 여호수아가 당부했어요	1. 이스라엘이 왕을 달라고 했어요 2. 하나님이 사울을 버리셨어요 3. 다윗이 골리앗과 맞섰어요 4. 다윗과 요나단이 친구가 되었어요 5. 하나님이 다윗과 언약을 맺으셨어요 6. 다윗이 하나님께 죄를 지었어요	1. 엘리야가 악한 아합을 꾸짖었어요 2. 엘리야가 이세벨을 피해 도망쳤어요 3. 하나님이 나아만을 고쳐 주셨어요 4. 하나님이 이사야를 부르셨어요 5. 이사야가 메시아에 대해 외쳤어요 6. 히스기야는 남 유다의 신실한 왕이었어요	1. 다니엘과 친구들이 하나님께 순종했어요 2. 사드락, 메삭, 아벳느고를 구하셨어요 3. 다니엘을 구하셨어요 4. 하나님의 백성을 고향으로 데려오셨어요 5. 성전이 완성되었어요

2단원

언약을 맺으시는 하나님	거룩하신 하나님	다스리시는 하나님	지혜의 하나님	포기하지 않으시는 하나님	공급하시는 하나님
7. 하나님이 아브라함과 언약을 맺으셨어요 8. 하나님이 아브라함을 시험하셨어요 9. 하나님이 다시 약속하셨어요	6. 십계명 "하나님을 사랑하라" 7. 십계명 "이웃을 사랑하라" 8. 성막을 지었어요 9. 하나님이 제사의 규칙을 정해 주셨어요 10. 오직 하나님만 예배해요 11. 하나님의 언약을 기억해요	6. 사사들이 이스라엘 백성을 이끌었어요 7. 드보라와 바락이 노래했어요 8. 겁쟁이 기드온이 용사가 되었어요 9. 삼손에게 다시 힘을 주셨어요 10. 룻과 나오미를 보살펴 주셨어요 11. 하나님이 사무엘에게 말씀하셨어요	7. 솔로몬이 지혜를 구했어요 8. 지혜는 하나님께로부터 와요 9. 솔로몬이 성전을 지었어요 10. 이스라엘이 둘로 나뉘었어요	7. 하나님이 호세아를 통해 북 이스라엘에 사랑을 전하셨어요 8. 하나님이 요나를 통해 니느웨에 사랑을 전하셨어요 9. 하나님이 요엘을 통해 남 유다에 사랑을 전하셨어요	6. 에스더를 왕비로 세우셨어요 7. 에스더를 통해 하나님의 백성을 구하셨어요 8. 느헤미야가 예루살렘의 소식을 들었어요 9. 예루살렘 성벽이 다시 세워졌어요 10. 에스라가 하나님의 율법을 읽었어요 11. 말라기를 통해 하나님의 백성에게 경고하셨어요

3단원

언약을 지키시는 하나님	※ 성탄과 부활		주권자이신 하나님	새롭게 하시는 하나님
10. 야곱이 복을 가로챘어요 11. 하나님이 야곱에게 새 이름을 주셨어요 12. 요셉이 이집트로 팔려 갔어요 13. 요셉의 꿈이 이루어졌어요	**성탄절** 1. 왕을 기다려요 2. 천사가 마리아와 요셉에게 나타났어요 3. 예수님이 태어나셨어요 4. 동방 박사들이 왕께 경배했어요 **부활절** 5. 예수님이 예루살렘에 들어가셨어요 6. 예수님이 부활하셨어요		11. 솔로몬이 산다는 것에 대해 생각했어요 12. 욥이 고난을 받았어요 13. 하나님을 찬양해요	10. 하나님이 예레미야를 부르셨어요 11. 예레미야가 새 언약에 대해 예언했어요 12. 남 유다 백성이 포로로 잡혀갔어요 13. 에스겔이 앞날의 소망을 이야기했어요

구약 5 성경의 초점과 주제

1단원 계시하시는 하나님

Q 하나님 말고 다른 신이 있나요?
A 진짜 하나님은 오직 한 분뿐이세요.

1. 하나님이 바알의 선지자들을 물리치셨어요.
2. 하나님이 엘리야에게 용기를 주셨어요.
3. 하나님이 엘리사를 통해 나아만을 고쳐 주셨어요.
4. 이사야가 거룩하신 하나님을 보았어요.
5. 하나님은 메시아가 고통받을 것이라고 말씀하셨어요.
6. 하나님이 히스기야의 기도를 들어주셨어요.

2단원 포기하지 않으시는 하나님

Q 하나님은 어떤 분이신가요?
A 하나님은 불쌍히 여기시며, 사랑이 많으신 분이에요.

7. 하나님은 하나님을 사랑하지 않는 사람도 사랑하세요.
8. 하나님이 니느웨 사람들을 불쌍히 여기셨어요.
9. 하나님이 하나님의 백성에게 회개하라고 경고하셨어요.

3단원 새롭게 하시는 하나님

Q 우리는 왜 하나님께 순종해야 하나요?
A 하나님이 우리를 사랑하시기 때문이에요.

10. 하나님이 예레미야에게 하나님의 말씀을 전하게 하셨어요.
11. 하나님이 더 나은 언약을 맺겠다고 약속하셨어요.
12. 남 유다는 그들의 죄 때문에 바벨론의 포로가 되었어요.
13. 하나님은 하나님의 백성을 다시 고향으로 데려올 계획을 세우셨어요.